Pour la B.

I0036030

✱ E. 17.?

1777

3569.

PRÉCIS

DU DROIT DES GENS

MODERNE

DE L'EUROPE

FONDÉ

SUR LES TRAITÉS ET L'USAGE.

Auquel on a joint la liste des principaux traités conclus depuis 1748 jusqu'à présent avec l'indication des ouvrages où ils se trouvent.

PAR

Mr. MARTENS

Professeur ordinaire en droit de la nature et des gens et Assesseur de la Faculté des Droits en l'Université de Gottingue.

TOME I.

À GOTTINGUE

CHÉS JEAN CHRET. DIETERICH.

1789.

À

LEURS ALTESSES ROYALES

MESSEIGNEURS

ERNESTE AUGUSTE

AUGUSTE FREDERIC

ET

ADOLPHE FREDERIC

PRINCES

DE LA GRANDE BRETAGNE

MESSEIGNEURS!

Le faible hommage que j'ofe offrir refpectueufement à VOS ALTESSES ROYALES eft le fruit d'un travail que fon motif m'a rendu bien cher. Chargé de VOUS entretenir des ufages des nations de l'Europe, de ces nations dont VOS glorieux Ancêtres ont défendu tant de fois et les droits et la liberté, j'ai defiré préfenter aux yeux de VOS ALTESSES ROYALES l'efquiffe du tableau dont ELLES m'ordonnent de LEUR tracer les détails. Puisse le zéle qui a guidé ma plume, en faire pardonner les imperfections.

Je suis avec un très-profond respect

MESSEIGNEURS
de VOS ALTESSES ROYALES

le très-humble et très-obéissant serviteur
GEORGE FRÉDERIC MARTENS.

Préface.

Il y a trois ans que j'ai publié en Latin un essai du droit des gens positif de l'Europe. Je ne méconnoissois pas l'imperfection de cet ouvrage lorsque les circonstances m'empêcherent de le retenir plus longtems chès moi pour le retoucher. L'impression en a même été soignée en partie assés négligemment en mon absence. Continuant depuis à me livrer à une étude à laquelle mon devoir et mon penchant m'appellent, j'ai trouvé beaucoup à corriger et plus encore à ajouter à ce que j'avois dit; surtout dans les matieres des traités de la préséance, du commerce, et des ambassades; de sorte que ce que j'offre aujourdhui au public est plutôt un nouvel ouvrage qu'une simple traduction du précédent.

L'ordre dans lequel j'ai distribué les matieres a été conservé presque entièrement, excepté qu'au 3ème et 7ème livre, plusieurs chapitres ont été ajoutés. Voici le plan général de l'ouvrage.

Avant que d'entrer dans les détails des droits que l'usage et les traités ont établis en Europe il m'a paru naturel de commencer par examiner de plus près quels sont les peuples, des

droits

droits et des obligations desquels il eſt queſtion; et après avoir fait voir le rapport commun ſous lequel on peut conſidérer les puiſſances de l'Europe comme un tout, j'ai cru devoir les re-préſenter ſous les difſérens points de vue ſous lesquels la diverſité de leur dignité et de leur puiſſance, de leur conſtitution, enfin de leur religion, les fait paroitre. Puis en paſſant à l'exa-men des droits mêmes qui font *l'ob-jet* de la ſcience, il y avoit trois que-ſtions principales à réſoudre: 1) quelles ſont les ſources du droit des gens po-ſitif; 2) quels ſont les objets auxquels ces droits ſe rapportent; 3) quelles ſont les voyes par lesquelles ces droits peuvent ſe perdre. La première de ces queſtions a donné lieu de parler des traités, des conventions tacites, de l'uſage, et à examiner ſi la préſcri-ption peut ſe conſidérer comme un ſource du droit des gens naturel ou poſitif. La ſeconde queſtion demandant une ample réponſe a fait naitre la ſub-diviſion des droits en ceux qui concer-nent les interêts des nations et de leurs Souverains mêmes, et er ceux qui ſe rapportent aux moyens dont les puiſſances ſe ſervent pour traiter leurs affaires entre elles. Les interêts des

nations

nations mêmes concernent et leurs affaires internes et les affaires étrangères.
Relativement aux premières après avoir
examiné en général les droits d'une
nation fur fon territoire, j'ai fait voir
quels font les droits des puiffances
étrangères relativement à la conftitution d'un autre état, jusqu'à quel point
elles font en droit de fe mêler des difputes qui touchent le choix d'un Souverain étranger, et la fixation de l'étendue de ces droits. Après quoi il a fallu
entrer dans le détail des principaux
droits de fouveraineté qui concernent
le gouvernement interne, pour faire
voir ce qu'une puiffance doit à cet égard
aux puiffances étrangères et à leurs
fujets, et quels font les effets que les
actes de fouveraineté qu'elle exerce chés
elle peuvent produire même hors du
territoire, en vertu des traités ou de
l'ufage. Les affaires étrangères ont
pour but le maintien de la fureté et l'
augmentation du bien être de l'état au
dehors. C'eft ce qui a donné lieu de
parler du maintien, de la fureté, et de la
liberté des états, de l'égalité et de la dignité, du commerce et de la navigation.
De ces droits qui concernent le corps
de la nation il eft néceffaire de diftinguer encore ceux qui concernent moins

les

les nations entières que la perfonne de leurs Souverains, ou leur famille et leurs affaires privées dont il a été parlé féparément.

Le fecond genre principal de droits conventionels et coutumiers eſt celui qui concerne les moyens dont les puiſſances ſe ſervent pour traiter leurs affaires et pour vuider leurs différens. Il y a deux fortes de ces moyens. L' une c'eſt la voye à l'amiable, en traitant enſemble, ou par le moyen de différens genres d'écrits, ou de bouche par le ſecours des ambaſſades; l'autre moyen font les voyes de fait, favoir la retorſion, les repreſſailles, ou la guerre. Quant à ce dernier point il falloit féparer les droits reçus entre les puiſſances belligérantes de ceux qui ont lieu relativement aux puiſſances alliées, auxiliaires, ou neutres; et enfin marquer la façon dont ſe terminent les guerres par les traités de paix. Après quoi il ne reſtoit plus qu'à répondre à la troiſième queſtion en indiquant les moyens par lesquels les droits acquis par les conventions ou par l'uſage peuvent venir à s'éteindre.

Si je me ſuis écarté peut-être en quelques endroits des limites ordinaires d'un livre deſtiné à fervir de fil dans.

les

les leçons, en alléguant un affés grand
nombre d'exemples dans les notes,
c'eft que j'ai defiré me rendre par là
plus utile et plus intelligible à ceux qui
ne font pas dans le cas de fréquenter
mes leçons; ces exemples particuliers
ainfi que les traités détachés dont il eft
fait fouvent mention ne fuffifent pas
fans doute pour faire preuve de l'uni-
verfalité d'un certain ufage: cependant
ils fervent d'illuftration à la matière; et
d'ailleurs on fait, que dans la pratique
un feul exemple fouvent a plus de poids
que toute la force d'un raifonnement.
J'aurois pû augmenter le nombre de
ces allégations fi je n'avois craint d'
étendre fans néceffité les bornes de
ce petit ouvrage.

Peut-être pourroit-on me repro-
cher d'avoir traité quelques points, qui
en prenant le terme du droit des gens
dans fa rigueur, femblent appartenir,
moins à la théorie de cette fcience, qu'à
celle de la pratique du droit des gens.
Le chapitre des différentes fortes d'é-
crits dont fe fervent les puiffances dans
leurs affaires eft de ce nombre. Cependant il touche de fi près la matiere
du cérémonial et de la préféance que
j'ai cru ne pas devoir l'omettre. D'ailleurs un motif particulier m'a engagé
de l'inférer. Je faifis volontiers l'occafion

fion d'en faire mention. Depuis plufieurs années j'ai commencé de faire
fuccéder aux leçons fur la théorie du
droit des gens moderne (pour les quelles le préfent ouvrage me fervira de
fil,). des leçons pratiques du droit des
gens auxquelles j'ai voué deux heures
par femaine dans chaque femeftre.
Chacune de ces heures formant un
cours féparé l'une fert à enfeigner à
travailler en Allemand, l'autre en François, fur toute forte de matières du
droit des gens et à dreffer différens
genres d'écrits dont on peut être chargé en entrant dans la carriere politique.
Plufieurs des ouvrages dont j'occupe
ceux qui fuivent ces cours, ont peu ou
n'ont rien à faire avec le cérémonial
p. e. en ce qui regarde les extraits et
les comparaifons de divers traités d'alliance, ou de commerce etc. les rapports à faire de bouche fur quelques
illuftres difputes agitées fur des points
du droit des gens ; les fuffrages moti-
vés fur des queftions du droit des gens,
l'explication des différentes méthodes
des chiffres etc. Cependant il y a bien
d'autres points, p. e. les correfpondan-
ces entre les cours ou leurs Miniftres,
les notes, mémoires, difcours etc. des
Ambaffadeurs, et d'autres où la forme
externe et les différens points du cérémonial

monial doivent être obfervés et quoiqu'en général le cérémonial ne foit pas le feul ni même le principal objet de la critique à faire fur les ouvrages auxquels ce cours donne lieu, il ne fauroit cependant être négligé. C'eft là ce qui m'a fait defirer de joindre d'avance à la théorie du droit des gens l'abrégé d'une théorie de la pratique de cette fcience c. a. d. de l'art d'appliquer ces droits à des cas individuels, afin que la connoiffance préalable de ces points puiffe fervir d'introduction à ceux qui en fuivant l'ordre qui eft le plus naturel, lorsqu'il eft poffible de l'adopter, ne fréquentent mes leçons pratiques qu'apres avoir affifté à celles qui font deftinées à la théorie.

Si j'ai préféré de donner ce traité en François ce n'eft pas mon goût feul pour cette langue que j'ai confulté. J'ai cru qu'il étoit affés naturel de parler des droits des nations dans la langue qui depuis longtems eft devenu presque univerfelle en Europe, furtout pour les affaires étrangères. Et cette confidération auroit pû fuffire pour me déterminer, fi le motif le plus proche qui m'engage à publier aujourdhui cet écrit, n'eût contribué encore à fixer mon choix. Du refte je ne diffimule pas avoir rencontré pour le ftyle des

diffi-

difficultés qu'il n'a pas tenu à mes foins
de vaincre avec fuccès Un livre de-
ftiné principalement à fervir de fil aux
leçons, doit renfermer en abrégé les
principes qu'il s'agit de développer par
le difcours. La langue françoife femble offrir des difficultés particulières
pour ce genre d'écrits. Il eft aifé de
devenir obfcur en voulant éviter d'être
prolixe. Plufieurs écrivains françois,
d'ailleurs eftimés, femblent en avoir
fait l'épreuve. Un auteur qui n'eft pas
né François a donc à cet égard quelque
droit fur l'indulgence du lecteur.

La lifte des traités qui fe trouve
jointe à l'ouvrage n'eft pas auffi com-
plette que j'aurois defiré pouvoir la donner. Cependant elle pourra être utile
pour faciliter la recherche des traités les
plus importans. Cette recherche eft
affés pénible tant qu'il nous manque encore une collection des traités les plus
récents. La collection de Mr. *du Mont*,
et enfuite le recueil de Mr. *Rouffet*
pouvant fervir de guide jufqu'à la paix
d'Aix la Chapelle, j'ai cru pouvoir me
contenter de commencer la lifte à cette
époque.

A Gottingue au mois de Novembre 1788.

Table

Table sommaire.

Le droit des gens moderne de l'Europe comprend l'ensemble des droits reçus entre les puissances de l'Europe par les traités et l'usage; il faut donc examiner:

2. sur

Introduction.

§ 1.
Ce que c'est que le droit des gens.

Dès la formation des états il a dû exister deux genres de droits et d'obligations publiques pour chaque peuple:

1) dans l'intérieur de l'état, les droits entre le chef et le peuple. L'ensemble de ces droits entant qu'ils découlent de la notion de l'état, forme le droit *public univerfel*, entant qu'ils reposent fur les loix fondamentales et fur l'ufage de tel état déterminé, forme le droit *public pofitif* et particulier de cet état. En comparant le droit public pofitif de plufieurs états dont la conflitution eft plus ou moins reffemblante, p. e. le droit public des fept Provinces unies, celui des territoires de l'Allemagne, ou celui des puiffances de l'Europe on peut former par abftraction un *droit public général*

A   *ral*

ral p. e. des territoires de l'Allemagne ou
des souverainetés de l'Europe.   C'est de
cette science que le *droit privé des Princes*
de l'Allemagne ou de l'Europe fait partie.

2) Le second genre d'obligations c'est
celui qui a lieu entre les peuples entre eux,
Et tandis que chaque peuple peut se consi-
derer comme une personne morale, vivant
dans l'état naturel, les obligations des peuples entre eux font celles des particuliers
appliquées et modifiées à des peuples entiers,
et c'est là ce qu'on entend par *droit des gens
naturel;* il est *universel* et *nécessaire* en ce
qu'il oblige toutes les nations, même contre
leur gré; et d'après la division du droit naturel en parfait et imparfait, il est ou parfait et externe, (droit des gens proprement
dit) ou bien imparfait et interne; par quoi
l'on entend la morale des peuples.

§ 2.
Droit des gens positif.

Le simple droit naturel parfait ne sauroit guere suffire même à des particuliers,
moins encore à des peuples entiers, dès qu'
ils se fréquentent et qu'ils font le commerce.
Bientôt leur intérêt commun les engage à
tempérer en quelques points la rigueur de
la loi naturelle, à suppléer en d'autres à ce
que

que celle-ci n'a point ou pas affés déterminé, enfin à s'écarter de cette égalité parfaite de droits que la loi naturelle accorde
même aux plus faibles. Tous ces changemens tiennent ou à des conventions, foit
expreffes foit tacites, ou au fimple ufage.
L'enfemble de ces droits a) introduits entre
deux nations forme le *droit des gens* conventionel et coutumier *propre* à ces deux
peuples. On le nomme pofitif, particulier
et arbitraire, en l'oppofant au droit naturel
univerfel et néceffaire.

a) Parmi ces droits il en eft qui font
réciproques, ainfi que les obligations qui y
répondent; Il en eft d'autres qui ne produifent
de droit que d'un côté et de l'obligation de
l'autre p. e. les fervitudes de droit public, fouvent les garanties etc. Ces derniers appartiennent auffi au droit des gens particulier
de deux peuples entre eux, mais comme on
ne traite guere féparément le droit des gens
particulier de deux nations entre elles, et que
dans un traité de droit des gens général l'on
ne fauroit trop faire mention de ces détails,
on en renvoye ordinairement l'examen au
droit public de chaque état.

§ 3.
Qu'il exifte un droit des gens pofitif de l'Europe.

Rien n'empêche de s'imaginer qu'à l'
exemple de deux peuples plufieurs p. e. tous

les peuples de l'Europe fassent d'un commun
accord des traités pour regler leurs droits,
et qu'alors ces traités généraux formeroient
le code des loix du droit des gens positif
de ces peuples. Mais il n'a jamais existé
un tel traité général, ni entre toutes les
puissances de l'Europe, ni seulement entre
la plupart d'entre elles; dans ce sens il n'
existe donc point de droit des gens positif
de l'Europe et il n'en existera probablement
jamais.

De l'autre côté il est constant que ce
que deux ou trois, ou même la plupart des
peuples de l'Europe ont établi entre eux par
des traités ou par l'usage, ne sauroit produire ni droits ni obligations pour les autres.
Cependant 1) en comparant les traités particuliers des puissances de l'Europe entre
elles, on y découvre des principes presque
uniformement adoptés de toutes les puissances qui ont fait des traités sur un même
point. 2) il en est de même des usages particuliers; 3) un usage établi chés la plupart
surtout des grandes Puissances de l'Europe,
lorsqu'il ne se fonde pas sur leur constitution particulière, est facilement adopté par
les autres Puissances, entant qu'il peut leur
être appliqué, et en général les Puissances
elles mêmes attribuent souvent une certaine
force à des usages reçus chés d'autres, bien
qu'on

qu'on ne puiſſe pas prouver qu'il a déja été
introduit chés elles. Et 4) quoique l'on ne
ſauroit en dire autant des conventions expreſſes, cependant ſouvent les traités faits
avec telle ou telle puiſſance ſervent de modèle *a*) pour des traités du même genre, qu'
on fait avec telle autre; ou bien ſouvent ce
qui chés quelques nations eſt reçû en vertu
des traités, s'introduit et s'obſerve chés d'
autres par l'uſage; de ſorte qu'il eſt des points
qui ſont du droit conventionnel chés les uns
et du droit coutumier chés les autres.

a) On voit arriver la même choſe dans
le droit civil. Telle ordonnance de la marine,
de lettres de change etc. ſert de modèle à
bien d'autres qui ſe font dans des pays étrangers, bien qu'elle n'y ait jamais eû autorité
de loi. Quelque fois même elle donne lieu à
l'établiſſement d'un uſage. Voyés ſ. v. p. mon
programme: *von der Exiſtenz eines poſitiven
Europäiſchen Völkerrechts und dem Nutzen
dieſer Wiſſenſchaft*, Göttingen 1787.

§ 4.
Définition du droit des gens poſitif de l'Europe.

Or c'eſt l'enſemble de ces droits et obligations introduites chés tous, ou chés la plupart
des peuples de l'Europe, ſoit par des traités
particuliers mais uniformes, ſoit par des conventions tacites ou par l'uſage, qui forme *le*

droit

droit des gens général et pofitif *a*) ou *mo-*
derne (Practicum) de l'Europe *b*).   Il eft
aifé de diftinguer cette partie du droit public
d'avec les autres branches de la Politique,
tel que le *droit public proprement dit*, le
droit privé des Princes, la *Politique* proprement dite, la *Statiftique* etc.

  a) Le droit des gens que Mr. le baron
de Wolf a nommé volontaire, et que d'autres
nomment modifié, paroit ne pas former une
branche particulière de droit des gens pofitif.
Les principes qu'on en fait découler peuvent
être déduits en partie du droit des gens univerfel foit externe foit interne; le refte ne
tient qu'à l'ufage, on n'eft que l'effet des devoirs d'une nation envers elle même.

  b) Rien n'empêche de fe fervir de ce terme en parlant de notre droit des gens pofitif;
quoiqu'en Europe les Turcs ne l'ayent pas
reçu dans bien des points, et que hors de
l'Europe les Provinces unies de l'Amérique
fe foient entierement conformé à fes principes.   On l'entend *a potiori*, et il paroit pré-
férable à celui du droit des gens des peuples
civilifés, qui eft trop vague.

§ 5.

Jusqu'où il faut remonter pour étudier
le droit des gens pofitif.

On trouve déja des veftiges du droit des
gens pofitif chés les anciens peuples, particulierement chés les Grecs et les Romains;
cepen-

cependant il eſt presque inutile pour notre
but d'y recourir. La face des choſes a tellement changée en Europe, ſurtout depuis
le cinquième ſiécle; l'introduction de la religion Chrétienne *a*) du ſyſteme de l'hierar-
chie avec toutes ſes ſuites, l'invention de la
poudre, la découverte de l'Amérique et du
paſſage aux Indes, le gout pour le faſte, toujours croiſſant depuis, l'ambition ombrageuſe
des puiſſances prédominantes, la multipli-
cation des alliances de tout genre, l'introduction des ambaſſades ordinaires, ont in-
flué tellement ſur le changement et ſur la
formation ſucceſſive de notre droit des Gens
moderne, que pour l'expliquer il ſuffit en
bien des points de recourir à l'Epoque qui
ſépare l'hiſtoire moderne de celle du moyen
age; qu'à l'égard d'une infinité d'autres on
n'a pas lieu de remonter au delà des tems
de Henri le Grand, de la paix de Weſtphalie, ou même du commencement du ſiécle
où nous vivons. Il eſt des points cependant dont on ne découvre la ſource, qu'en
remontant plus haut dans les tems du moyen age.

a) Tyco Rothe's *Wirkung des Chriſten-*
thums auf den Zuſtand der Völker in Europa,
1775. 8.

§ 6.

Histoire du droit des gens.

C'est donc surtout dans l'histoire détaillée des derniers siécles de l'Europe et des états particuliers qui la compofent, qu'on doit puiser l'histoire du droit des gens moderne; et d'ailleurs elle préfente ces faits même, par lesquels les ufages fe font formés infenfiblement.

§ 7.

Histoire de la fcience du droit des gens.

Le droit des gens univerfel fut connu des anciens philofophes, fans avoir été traité par eux comme une branche particuliere du droit naturel. Depuis, cette fcience entiere négligée par les barbares, condamnée même par plufieurs Peres de l'Eglife *a*) resta longtems enfevelie fous la fange de la philofophie fcolaftique; jusqu'à ce qu'aprés quelques faibles essais *b*) du 16ème et du commencement du 17ème fiécle HUGUE GROTIUS *c*) réunissant à la foi dans fon ouvrage immortel de la *guerre* et *de la paix* les principes du droit des gens univerfel, du droit naturel et ceux du droit des gens positif, du moins des anciens peuples, fçut mériter le nom glorieux de pere de cette fcience. Depuis, une foule d'auteurs en reproduifant fon ouvrage fous différentes formes *d*) s'ef-

forçerent

forçerent de s'immortaliſer par ſon ſecours, et de plus en plus l'étude du droit des gens, ainſi que du droit naturel, commença à gagner plus généralement. Hobbes e) même trouva des Locke f) et Cumberland g) pour le refuter, et Puffendorf h), enſuite Wolf i), Rutherforth k), Burlamaqui l) et d'autres rendirent d'utiles ſervices à la ſcience du droit des gens univerſel.

Cependant l'étude du droit des gens poſitif fut presque oubliée depuis le tems de Puffendorf, ſi ce n'eſt que Zouchaee m), Textor n), Gribner o), Glafey p), et dans les tems plus récents, Mr. de Real q) et Mr. de Vattel r) ont mieux illuſtré les matieres par des exemples et par des obſervations tirées de l'hiſtoire moderne.

a) Voyés Schmauss *Geſch. des Rechts der Natur* p. 73 et ſuiv.

b) p. e. Jean Oldendorp (Prof. à Marburg † 1567) *Iſagoge iuris nat. gent. et ciuilis* Colon. 1539. N. Hemmingius (Prof. à Copenhague) *apodictica methodus de lege naturae*, Witteb. 1562. Juſt Benoit Winkler *principiorum iuris libri 5.* Lipſ. 1615. 8. et ſurtout Albericus Gentilis (né à Marc d'Ancone en ſuite profeſſeur à Oxford † 1611) *de iure belli 1608. de iure maris, de legationibus* etc.

c) [né à Delft 1583, avocat du fiſc 1600. Fiſcal d'Hollande 1607. Aſſeſſeur à Rotterdam 1613. enſuite après bien des diſgraces mini-

ſtre

ftre de Suéde en France 1635. † 1645.] La vie de Grotius fe trouve entre autres dans la traduction de fon ouvrage par BARBEYRAC, et dans SCHRORK *Abbildung und Befchreibung berühmter Gelehrten* Vol. 2. p. 257–376. La premiere edition de fon ouvrage fur le droit de la guerre et de la paix parut à Paris 1625. 4. Voyés les autres éditions alleguées dans d'OMPTEDA *Litteratur des Völkerrechts* T. II. p. 392. § 122.

d) 1) Il a été *commenté* par J. A FELDEN, GRASWINKEL, BOECLER, TESMAR, OBRECHT, OSIANDER, ZIEGLER, GRONOVIUS, SIMON, WAECHTLER et d'autres, voyés auffi BECMANN *Grotius cum notis variorum*, Francf. 1691. 4. 2) D'autres comme GUIL. GROTIUS, G. à KULPIS, SCHEFFER, KLENK, VITRIARIUS, J. P. MULLER en ont donné un abregé ou l'ont redigé en tables etc. 3) Il a été traduit en *François* par COURTIN à Paris 1637. et beaucoup mieux par BARBEYRAC qui l'a enrichi de fes notes à Amft. 1724. en *Anglois* à Lond. 1654. 1682. fol. 1715. 8. en *Hollandois* à Harlem 1635. et mieux 1705. 4. en *Allemand* par SCHUTZ 1707. 4. puis à Francfort 1709. fol. en *Danois*, en *Suedois* etc.

e) THOMAS HOBBES (né à Malmusbury 1588. † 1669) *de cive* 1647. 12. *Leviathan* à Londres 1651. fol.

f) LOCKE *on civil Governement* voyés le 2 Volume de fes ouvrages.

g) CUMBERLAND *de legibus naturalibus commentatio in qua fimul refutantur elementa Hobbefii*, à Londres 1672. 4. Traduit en François par BARBEYRAC avec fes notes Amft. 1744. 4.

h) SA-

h) Samuel Puffendorf (né 1631. Prof.
à Heidelberg puis à Lunden 1658. ensuite
Conseiller privé de l'Electeur de Brandenbourg
1690. † 1694) *elementa iuris naturae methodo
mathematica* à Leyde 1660. 8. *Ius naturae
et gentium* à Lunden 1672. 4. dont Mr. Barbeyrac a fait une traduction enrichie de ses
notes 1706. *De officio hominis et ciuis* à Lunden 1673. et traduit par Barbeyrac 1707.

i) C. de Wolf (né 1679. prof. à Halle
1707. à Marburg 1723. † 1754) *ius gentium,*
Halae 1749. 4.

k) Rutherforth *institutes of natural
law,* Cambridge 1754. 8. T. I. II.

l) Burlamaqui *droit de la nature et des
gens,* Yverdon 1766. 8.

m) Richard Zouchaeus *iuris et iudicii
fecialis seu iuris inter Gentes, et quaestionum
de eo explicatio,* Oxon. 1650. 4. à Leyde 1654.
à la Haye 1659. 12. à Mayence 1661. 12. à
la Haye 1759. 12.

n) J. Wolfgang Textor *synopsis iuris
Gentium,* à Bâle 1680.

o) Gribner *principia iurisprud. naturalis*
1717. 8.

p) Glafey *Vernunft- und Völkerrecht,*
à Francf. et à Leipzig 1723 et 1732. 4.

q) de Real *science de Gouvernem.* T. V.

r) de Vattel *le droit des gens ou principes de la loi naturelle appliqués à la conduite
et aux affaires des nations et des souverains,*
Lond. 1758. 4. puis à Neufchatel 1773. 4.
à Bâle 1777. T. I–III. 8. etc. traduit en Allemand à Francf. 1760. T. I–III. 8.

§ 8.

§ 8.

Continuation.

C'est dans les traités et dans d'autres
actes publics qu'il falloit puiser; et ceux qui
comme Leibnitz *a*) ont commencé à en donner au public des collections, ont frayé le
vrai chemin qui conduit à cette étude. Et
tandis que ces collections ont bien augmenté
depuis, que d'ailleurs le nombre des ouvrages sur l'histoire, celui des mémoires des
Ambassadeurs etc. s'est tellement accru depuis, qu'on ne sauroit se plaindre du manque
de subsides, il est assés étonnant, qu'une
science qui interesse tous les ordres de l'é-
tat, soit demeurée dans l'oubli, jusquà ce
que Mr. MOSER *b*) ait tenté d'en former un
système, en la séparant entierement du droit
des Gens universel.   Depuis plusieurs autres *c*) ont commencé à s'en occuper, avec
plus ou moins de succès.

a) G. W. L. *Codex iuris gentium diplo-
maticus,* Hannoverae 1693. fol. *mantissa* 1700
fol.

b) J. J. MOSER *Anfangsgründe der Wis-
senschaft von der heutigen Staatsverfassung von
Europa und dem unter den Europäischen Po-
tenzen üblichen Völker- und allgem. Staatsrecht,* Tubing. 1732. 8. *Entwurf einer Einleitung zu dem allerneuesten Völkerrecht in
Kriegs- und Friedenszeiten* 1736. voyés ses
vermischte Schriften T. 2. *Grundsätze des
jetzt*

jetzt üblichen *Europ. Völkerrechts in Friedenszeiten* 1750. 8. item *in Kriegszeiten* 1752. 8.
*Erste Grundlehren des jetzigen Europäischen
Völkerrechts,* Nurnberg 1778. 8. Ensuite il
entreprit dans un age deja fort avancé un plus
grand ouvrage fous le titre: *Versuch des neuesten Europäischen Völkerrechts vornemlich aus
den Staatshandlungen feit 1740.* T. I. 1777.
T. X. et dernier à Francfort 1780. 8. auquel
il a commencé à joindre des fupplémens:
*Beiträge zu dem neuesten Europ. Völkerrecht
in Friedenszeiten* T. I. 1778. T. V. 1780. et
*Beiträge zu dem neuesten Europ. Völkerrecht
in Kriegszeiten* T. I. 1779. T. III. 1781. Cependant la mort l'a empeché d'achever ces
fupplémens.

 c) G. ACHENWALL *Iuris Gentium Europ.
practici primae lineae.* L'auteur mourut avant
que l'ouvrage ne fut achevé. *Précis du droit
des Gens par le Vicomte de la* MAILLARDIERE
dans fa *bibliothèque politique* T. I. P. I. NEY-
RON *Principes du droit des Gens Européen
conventionel et coutumier,* à Brunfwic, 1783.
T. I. 8. (C. G. GUNTHER) *Grundriß eines
Europ. Völkerrechts* Regensburg 1777. 8. id.
Europäisches Völkerrecht in Friedenszeiten
1. *Theil* 1787. 8. Ouvrage excellent dont la
continuation est fort à desirer.

§ 9.
Bibliotheque du droit des Gens.

 Pour former une bibliotheque utile à l'
étude du droit des gens positif, il faudroit
rassembler les classes fuivantes de livres. 1)
les recueils des traités *a)* et d'autres actes
publics

publics *b*) ainfi que quelques Journaux politiques *c*). 2) les grands ouvrages fur l'hiftoire *d*) univerfelle et particuliere. 3) les
mémoires des Ambaffades *e*). 4) quelques
biographies *f*). 5) les fyflemes et abrégés les
plus importans du droit des gens univerfel
et moderne *g*). 6) plufieurs oeuvres mêlées
fur le droit des gens *h*). 7) nombre de dif-
fertations *i*) particulieres ainfi que des dé-
ductions détachées. 8) enfin les ouvrages
litteraires *k*) fur cette fcience.

a) Parmi les recueils de traités on doit
remarquer

1. les recueils généraux des traités des différentes puiffances de l'Europe; telque: le *Recueil de traités de paix de trêve etc. depuis la
naiffance de I. C. jusqu'à préfent à Amft. et la
Haye* 1700. T. 1 – 1V. fol (536 - 1700) et furtout J. DU MONT *corps univerfel diplomatique
du droit des gens*, à Amft. et à la Haye 1726-
1731. T. 1 – VIll. fol. (800-1731) *avec les fupplemens* de ROUSSET, à Amft. et à la Haye 1739.
T. 1 – V. fol. (— 1738.) FRID. AUG. GUIL.
WENK *codex iuris gentium recentiffimi*, Lipf.
1781. 8. T. I. (1735 - 1743.) (Le fecond volume s'imprime actuellement.) Voyés auffi
ROBINET *dictionaire univerfel des fciences morale economique politique et diplomatique ou bibliotheque de l'homme d'état et du citoyen*, à Paris T. I. 1777. T. XXXI. 1787. 4. Parmi les
collections abrégées remarqués J.J. SCHMAUSS
corpus iuris gentium academicum, Lipf. 1730.
et fuiv. T. I. II. 8. (1096-1731.)

2. les

2. les recuells particuliers des traités d'
une feule nation avec les autres, furtout

a) pour L'ALLEMAGNE: LUNIGS *Reichsar-
chiv* Leipzig 1710-1722. 24 Vol. in folio, et
en partie J. J. SCHMAUSS *corpus iuris publici,*
Lipf. 1774. 8.

b) pour la FRANCE: *Recuell de traités de
paix de trève etc. faits par les Rois de France
avec tous les Princes de l'Europe depuis près
de trois fiecles par* FR. LEONHARD, à Paris
1693. 6 Vol. 4.

c) pour l'ESPAGNE: *Coleccion de los trata-
dos etc. hechos por los pueblos reyes y principes
de Efpanna, per* JOSEPH ANTONIO DE ABREU
Y BERTODANO, Madrid 1740 — 1752. fol.
(1598-1700) fous Philippe III. 2 Vol. fous
Philippe IV. 7 Vol. fous Charles II. 3 Vol.

d) pour la GRANDE BRETAGNE: *Thomae
Rymer foedera connentiones etc. inter reges
Angliae et quosuis Imp. reges etc.* London,
1704. et fuiv. 20 Vol. in fol. (1101-1654)
troifieme edition à la Haye 1739. et fuiv. 10
Vol. in folio. *A general Collection of treaties
of peace and commerce etc.* London IV Vol.
8. (1648-1731.) JENKINSON *Collection of
all the treaties between Great Brittain and
other Powers;* la nouvelle edition a paru à
Londres 1783. 3 Vol. 8.

e) pour la POLOGNE: (*Dogiel*) *Codex di-
plomaticus regni Poloniae et M. ducatus Li-
thuaniae in quo pacta foedera, tractatus pacis
etc. continentur,* Vilnae T. I. 1758. T. V.
1759. T. IV. 1764. fol.

f) pour la SUEDE: (G. R. MODEE) *Utdrag
af de emellan Hans Konglige Majeftaet och
Cronan Suerige a ena och utrikes Magter a
andra*

*andra fiden fedan 1718. flutna allianfe Trakta-
ten och afhandlingar* Stokholm 1761. 4.

g) pour les PROVINCES UNIES DES PAYS
BAS: *Recueil van de Traktaaten tuffchen de
H. M. S. G. ende verfcheyde Koningen etc.* item:
Vervolg van het Recueil 2 Vol. 4. (1576-1784
— —) par les libraires SCHELTUS.

Pour faciliter la recherche des traités on
peut fe fervir de P. GEORGISCH *regefta chro-
nologico diplomatica*, Halae 1740-44. T. I-
IV. fol. (315-1730.)

b) Particulierement ceux qui 1) fe rapportent à quelque traité ainfi qu'il en a été
fait pour la paix de Weftphalie par Mr. DE
MEYERN, pour la paix des Pyrenées, d'Oliva,
de Nimegue, de Ryswik, d'Utrecht, de Bade,
de Belgrade, d'Aix la Chapelle etc. par différens auteurs; voyés le catalogue chés Mr. d'
OMPTEDA *Litteratur etc.* T. II. § 179. et fuiv.
2) ceux qui renferment des époques plus con-
fidérables de l'hiftoire p. e. LAMBERTY *mémoires pour fervir à l'hiftoire du 18eme fiecle con-
tenant les négociations traités etc. concernant
les affaires d'état*, à la Haye 1724. T. I-XIV
4. (1700-1718.) *Recueil hiftorique d'actes
négociations etc. depuis la paix d'Utrecht jusqu'à prefent par* ROUSSET Amft. 1728-1752.
T. I-XXI. 8. *Sammlung einiger Staatsfchrif-
ten nach Carl* VI. *Ableben* 1741-43. T. I-
IV. 8. *unter Carl* VII. 1744-47. T. I-III. 8.
unter Franz I. 1749-1754. T. I-VIII. 8.
Teutfche Kriegscanzeley feit 1756. T. I-XVIII.
4. A. FABRI *Europ. Staatscanzeley* 1697-
1760. T. I-115. *Neue Europ. Staatscanzeley* 1760-1782. T. I-55. 8.

c) p.

c) p. e. le *Theatrum Europaeum* (1617-1718.) *Diarium Europaeum* (1659-1683.) *Europäische Fama.* Die neue *Europäische Fama.* Le *Mercure hiftorique et politique* de la Haye (1686 - Avril 1782) 187 Vol. 12. *Genealogifch hift. Nachrichten* (1739 - 50.) *Neue genealog. hiftor. Nachrichten* (1750 - 1762.) *Fortgefetzte neue Gen. h. Nachrichten* (1762-1777) 8. *Neuefte Staatsbegebenheiten* (1776-1782). *Politifches Journal* (1781 — —) voyés J. G. MEUSEL *bibliotheca hiftorica* Vol. I. P. I. p. 162 et fuiv.

d) Voyés MEUSEL *bibliotheca hiftorica* Vol. I–III. 1782. et fuiv. Pour fe repréfenter en abrégé et le contenu des traités, et les difputes élevées dans les derniers fiécles, on peut lire avec fruit: MABLY *droit public de l'Europe;* et BUSCH *Grundriß einer Gefch. der neueften Welthändel* feconde edition à Hambourg 1783. 8.

e) Parmi une foule d'ouvrages qui ont paru fous le titre de *mémoires* je ne citerai ici que quelques uns de ceux, qui contiennent ou le récit hiftorique de quelque ambaffade, ou bien le recueil des mémoires depêches etc. du miniftre, en fuivant l'ordre chronologique: *Mémoires et inftrustions pour les ambaffadeurs ou lettres et négociations de* WALSINGHAM, Amft. 1700. 4. *Mémoires de Mr.* DE BELLIEVRE *et* DE SILLERY *fur la paix de Vervins* 1677. II Vol. *Lettres du Cardinal d'*OSSAT, à Paris 1627. fol. enfuite avec les notes d' *Amelot de la Houffaye* à Amft. 1732. T. I-V. 8. *Négociations du préfident* JEANNIN, à Paris 1656. fol. *Mémoires de* MAX. *de* BETHUNE DUC *de* SULLY à Londres 1747. T. I-III.

4. *Ambaffades de M. de la* Boderie *en Angleterre 1750. 8. V. Vol.* Du Perron *ambaffades et négociations,* à Paris 1623. 1715. fol. *Ambaffades de Mr. le duc d'*Angouleme *par le comte de Bethune,* Paris 1667. fol. *Lettres et négociations du Marquis de* Feuquieres, à Amſt. 1753. T. 1 - III. 8. *Négociations à la cour de Rome etc. de Meſſire* Henri Arnauld 1748. T. 1 - V. 8. *Négociations ſecrettes touchant la paix de Munſter et d'Osnabrug,* à la Haye 1725. et ſuiv. T. 1 - IV. fol. *Mémoires de* Chanut, Ambaſſad. en Suede (1649-1652.) *Lettres du Cardinal* Mazarin *ou l'on fait voir le ſecret des négociations de la paix des Pyrénées,* Paris 1690. 12. *Lettres du Chevalier* Temple, à la Haye 1700. 12. *Lettres du comte d'*Arlington, à Utrecht 1701. *Lettres mémoires et négociations du comte d'*Estrades, à Londres 1743. T. 1 - IX. 12. *Négociations du comte d'*Avaux *en Hollande depuis 1679 - 1687.* Paris 1752. T. 1 - VI. 8. *Lettres et négociations de M.* Jean de Witt, à Amſt. 1725. 8. T. 1 - V. De Torcy *mémoires pour ſervir à l'hiſtoire des négociations depuis le traité de Ryswik juſqu'à la paix d'Utrecht,* à la Haye (Paris) 1756. T. 1 - III. 12. Lond. 1757. T. 1 - IV. 12. *Mémoires du comte de Harrach par Mr. de la* Torre. T. I. II. 12. *Mémoires de diverſes cours de l'Europe par Mr. de la* Torre, à la Haye 1721. T. 1 - V. 12. *Mémoires de l'abbé* Montgon, 1750. et ſuiv. T. 1 - VIII. 12. Laugier *hiſtoire des négociations pour la paix de Belgrade,* 1768. T. I. II. 8.

f) p. e. Puffendorf *res geſtæ Caroli Guſtavi, Friderici Wilhelmi,* Berolin 1695. fol.

fol. *Wilhelmi III.* NORDBERG *histoire de Charles XII.* à la Haye 1742–1748. T. I–IV. 4. CAMPBEL *life of the British admirals and other Seamen*, à Londres 1750. T. I–IV. traduit en Allemand à Gottingue 1755. T. I, II. 4. etc.

g) Tel que les ouvrages de GROTIUS, PUFFENDORF, DE REAL, VATTEL, MOSER, GUNTHER etc. voyés le § précédent. (J. F. L. SCHRODT) *Systema iuris gentium quod sub directoratu* F. W. S. de Cronfeldt *publicae disputationi submittit* A. comes Czernen de Chudenitz, Pragae 1768. 4.

h) p. e. BYNKERSHOEK *quaestiones iuris publici* T. I. II. 1737. 4. H. DE COCCEII *exercitationes curiosae* T. I. II. 4. Lemgov. 1722. N. HERTII *opuscula* T. I. II. 4. à Francf. 1737. J. J. MOSER *vermischte Abhandlungen aus dem Europ. Völkerrecht*, Hanau 1750. 8. F. C. MOSER *kleine Schriften*, à Francfort 1751. T. I–XII. 8. le même: *Beiträge zum Europäischen Staats- und Völkerrecht*, T. I–IV. 1764–1772. 8. J. C. G. DE STECK *diverses piéces produites sous le titre: Versuche, Ausführungen, Essais, Eclaircissemens etc.* 1772 et suiv. D. NETTELBLADT *Erörterungen einiger Lehren des Staatsrechts*, Halle 1773. 8. etc.

i) Voyés LIPPENII *bibliotheca iuridica realis* avec les supplémens de SCHOTT, item: MEISTER *bibliotheca iuris naturae et Gentium.*

k) A. F. GLAFEY *Geschichte des Rechts der Vernunft nebst einer bibliotheca iuris nat. et Gentium*, Leipzig 1739. 4. (J. F. W. DE NEUMANN) *bibliotheca iuris imperantium quadripartita*, Norimb. 1727. 4. C. F. G. MEISTER *bibliotheca iuris nat. et gentium*, Gottingae

B 2 1749.

1749. T. I-III. D. H. L. baron d'Ompteda
*Litteratur des gefamten fowohl natürlichen als
pofitiven Völkerrechts,* Regensburg 1785. T.
I. II. 8.

§ 10.
Ordre de l'ouvrage.

Avant d'entrer dans le détail des droits
et des obligations qui forment l'objet de
notre fcience, il fera bon d'examiner de
plus près, quels font les peuples des droits
desquels il s'agit, et de voir, jusqu'à quel
point on peut confidérer l'Europe entiere
comme un Tout, féparé du refle des Nations de l'univers, et comment les états qui
compofent ce tout, différent entre eux,
furtout par rapport à leurs forces, à leur
conftitution, ou à leur religion.

LIVRE

LIVRE I.

Des puiſſances de l'Europe en général.

CHAPITRE I.

Des états dont l'Europe eſt compoſée.

§ 1I.

Des différens degrès de ſouveraineté.

En conſidérant les états dont l'Europe
eſt compoſée, on voit qu'il y en a qui ſont
entierement libres et ſouverains; il y en a
d'autres qui, ſans jouir d'une ſouveraineté
entiere, doivent cependant être conſidérés
comme membres immédiats de la grande
ſociété des peuples de cette partie du monde.
Pour qu'un état ſoit entierement libre et
ſouverain il faut qu'il ſe gouverne par lui-
même, et qu'il ne reconnoiſſe d'autre lé-
giſlateur au deſſus de lui que Dieu. Tout
ce qui eſt compatible avec cette indépendance, l'eſt auſſi avec la ſouveraineté; de
ſorte que les ſimples alliances inégales, tel

que

que le lien de protection *a*), celui du tribut *b*) et du vaſſallage *c*) qu'un état auroit
contracté avec quelque autre, ne l'empêche
pas d'être parfaitement ſouverain, et de figurer immédiatement ſur le théâtre de l'Europe. La grandeur ou la petiteſſe d'un
état ne décide pas non plus de la ſouveraineté qu'on doit lui attribuer *d*). Tous
ces corps moraux au contraire (ſoit com-
munautés, villes, ou provinces) qui, ne
formant qu'une partie ſujette d'un plus
grand corps, reconnoiſſent au deſſus d'eux
le pouvoir légiſlatif du chef de ce corps,
et qui par conséquent ne jouiſſent pas d'
une liberté entiere, ſont repréſentés médiatement par leur chef dans les affaires
qui ſurviennent avec des puiſſances étrangères. Il ſe peut cependant que les membres des états compoſés ayent acquis le
droit, non ſeulement de ſe gouverner chés
eux, mais même de traiter de leur chef et
en leur propre nom avec les puiſſances
étrangères des affaires de la guerre ou de
la paix; ſauf toutefois les reſtrictions que
leur lien de ſoumiſſion leur impoſe; pour
lors ils ſont en droit d'être traités tant par
les étrangers que par leurs coétats ſur le
pied de puiſſances libres, et de figurer immédiatement dans la ſociété des états ſouverains. Néanmoins leur ſouveraineté n'é-

tant

tant pas entiere, c'est-là ce qui a donné
lieu à la distinction des états de l'Europe,
en états souverains et mi-souverains. Et
en tant que le droit des gens est, à quelques
restrictions près, applicable aux derniers
comme aux premiers, les uns comme les
autres forment ensemble le *sujet* de la
science du droits des gens positif de l'Europe. Or le nombre de ces états souverains
et mi-souverains de l'Europe a varié à différentes époques; tantôt augmenté, surtout
par la division d'un état en plusieurs, ou
par les révolutions qui ont procuré la liberté à quelque partie sujette d'un état;
tantôt diminué par l'union réelle, soit égale
soit inégale, de plusieurs états, causée quelque fois par l'extinction des familles.

a) C'est ainsi que la république de Raguse
est souveraine, bien qu'elle soit sous la protection du Grand Turc et de quelques autres
états. Les principautés de *Monaco*, de *Bouillon*
le sont aussi, quoique sur la protection du Roi
de France.

b) Aujourd'hui il n'y a en Europe aucun état souverain qu'on puisse appeler proprement tributaire, bien qu'à la verité ce que
les Princes de la Moldavie et de la Wallachie
payent annuellement au grand Turc, et les
presens que plusieurs des premieres Puissances de l'Europe ne refusent pas de faire annuellement aux barbares de l'Afrique approche
assés d'un tribut.

B 4   *c)* C'est

c) C'est ainsi que le Roi de Naples est souverain, bien qu'il relève du Pape comme vassal depuis le 11ᵉᵐᵉ siècle, et qu'il lui prête un serment assés étendu, dont on peut voir la formule chés Mr. LE BRET *Vorlesungen über die Statistik* T. II. p. 347. C'est ainsi que l'ordre de Malthe reconnoit le Roi de Sicile pour son maitre souverain depuis l'an. 1529. sans être moins souverain pour cela.

d) La distinction que feu Mr. de Leibnitz a faite entre la souveraineté des grands et celle des petits états (*Suprematus et Potentatus*) ne semble pas être admissible dans la théorie. Elle est fondée dans le fait, mais non dans le droit; voyés cependant son traité sous le titre de CAESARINI FURSTENERII *de suprematu principum* cap. 12.

§ 12.
De la liaison générale entre les peuples de l'Europe.

Il fut un tems où il n'y avoit aucune liaison générale entre les états de l'Europe. Depuis que les Romains, en voulant se rendre les maitres du monde, eurent subjugué la plus grande partie de l'Europe, l'espece de lien qui naissoit de là pour les peuples soumis à un même chef, se fortifia insensiblement par le fameux Decret de Caracalla, par la communion des loix, et par celle de la religion Chrétienne, insensiblement introduite chés la plupart des peuples soumis à la même domination.

Après

Après la destruction de l'Empire d'Occident, le système naissant de l'hiérarchie fit que les états chrétiens se considererent comme membres d'une grande société inégale en matiere ecclésiastique. De plus l'ascendant immodéré que l'évêque de Rome sut se procurer comme chef spirituel de l'église chrétienne, influant bientôt puissamment sur l'autorité de l'Empereur que le Pape sut faire considérer comme chef temporel de l'église, presque tous les peuples chrétiens de l'Europe marquerent pendant quelques siécles une telle déférence pour l'Empereur Romain, qu'à bien des égards l'Europe ressembloit assés à une société inégale soumise au Pape, et subordonnée à l'Empereur; jusqu'à ce que les puissances ayant ouvert les yeux sur les droits du souverain, et ayant ou secoué le joug du Pape, ou diminué son pouvoir, et réduit les prérogatives des Empereurs Romains par devant les autres têtes couronnées au seul point de la préséance, il n'a plus subsisté depuis aucun lien *général* inégal entre les Puissances de l'Europe, ni en fait du spirituel, (hormis celui qui s'est conservé entre les états qui sont restés ou rentrés dans le sein de l'Eglise Romaine), ni en fait du temporel; et à l'égard du dernier chaque état souverain jouit d'une indépendance égale.

Cepen-

Cependant la reſſemblance des mœurs, de
religion, le commerce, la fréquence des
traités de tout genre, les liens du ſang entre les ſouverains, ont multiplié tellement
les rapports de chaque état avec la plupart
des autres, qu'on peut conſidérer ſurtout
l'Europe Chrétienne *a*) comme une ſociété
ſéparée de nations et d'états, qui a ſes loix,
ſes uſages, et ſes maximes particulières,
reçues entre eux, mais dont l'application
ne ſauroit ſe faire qu'avec beaucoup de cir-
conſpection à d'autres nations. Du reſte,
il ſubſiſte encore des rapports particuliers
entre quelques membres de cette ſociété,
qui les rapprochent plus ou moins les uns
des autres. Il eſt des états qui tiennent entre eux par des liens égaux, tel que le ſimple lien perſonnel de pluſieurs états apar-
tenant à un même maitre, ou celui d'un
traité perpétuel en vertu du quel ils forment
un ſyſtème particulier d'états; il en eſt d'
autres qui reconnoiſſent un lien inégal, tel
que les états catholiques en fait du ſpirituel,
ou que les membres d'un état compoſé;
tandis qu'il y en a d'autres qui n'ont même
ni traités, ni commerce enſemble. Ces
rapports ſont preſque auſſi variés, que l'eſt
la condition de chaque état en particulier,
relativement à ſa puiſſance et à ſa conſtitution.

a) Le

a) Le lien qu'il y a entre l'Empire de Turquie et les états chrétiens de l'Europe eſt bien moins général, et plus foible à bien des égards, que celui qui ſubſiſte entre la plupart des peuples chrétiens entre eux. — — On pourroit comparer cette ſociété des puiſſances de l'Europe, à celle d'un peuple avant qu'il ſe forme en état c. a. d. avant qu'il reconnoiſſe une puiſſance ſouveraine au deſſus de lui. Il n'y auroit donc plus qu'un pas à faire, pour que les peuples de l'Europe paſſaſſent de l'état naturel, à l'état civil, en formant une monarchie, ou une république univerſelle; mais ce pas ne ſe fera jamais. Tel eſt cependant le projet de monarchie univerſelle attribué à Henri IV. et retouché par l'abbé de *St. Pierre.* Voyés J. J. ROUSSEAU *extrait du projet d'une paix perpétuelle.* (EMBSER) *Abgötterey unſres philoſophiſchen Iahrhunderts;* erſter Abgott; *ewiger Friede.* Mannhelm, 1779. 8.

CHAPITRE II.

Des états de l'Europe en particulier, en
les divisant d'après leur dignité,
leurs forces &c.

§ 13.
De la division des états en grands et
petits états.

Pour se former une idée plus juste des
états dont l'Europe est composée, on doit
non seulement distinguer les états absolument souverains de ceux qui ne sont que
mi-souverains, ou dont du moins la souveraineté n'est pas hors de contestation;
mais encore on a lieu de distinguer ceux
qui jouissent des honneurs royaux, et qu'
on nomme assés communément les *grands
états a)*, de ceux qui n'en jouissent pas,
et qu'on oppose aux premiers sous le nom de
petits états.

a) Dans tout autre sens cette division
des états en grands et petits, que Mr. J. J.
Moser paroit avoir introduite, est absolument
arbitraire et vague. Si l'on vouloit diviser
les états d'après leur puissance, il faudroit en
faire plus de deux classes, et p. e. la Province
d'Hollande, la republique de Bern et le Duché de Silésie etc. ne pourroient pas être
rangés dans la derniere classe.

§ 14.

§ 14.

Des Etats royaux.

Parmi les états fouverains il y a 15 monarchies et quelques républiques, qui jouiffent inconteftablement des honneurs royaux: favoir *a*) 1) l'Empire d'Allemagne 2) la Grande-Brétagne et l'Irlande, 3) le Danemarc et la Norwegue, 4) les royaumes d'Efpagne, 5) la France, 6) la Hongrie ainfi que la Bohême, 7) les états du Pape, 8) la Pologne, 9) le Portugal (la Lufitanie et l'Algarve), 10) la Pruffe, 11) l'Empire de toutes les Ruffies, 12) la Sardaigne, 13) le royaume des deux Siciles, 14) la Suéde et le royaume de Gothie, 15) l'Empire des Turcs ou la Turquie. Parmi les républiques c'eft 1) celle de Venife, 2) le corps des fept Provinces unies des pays-bas, 3) l'union Helvétique *b*) qu'on doit ranger entre les états royaux. La république de Gênes, et l'ordre de Malthe prétendent auffi jouir de cet avantage, cependant l'une et l'autre ont eu des conteftations à cet égard, et c'eft dans ce fens qu'on peut douter s'ils font à ranger au nombre des grands états.

a) J'ai rangé ici les royaumes d'après l'ordre alphabétique, et je préviens le lecteur, que fi dans la fuite je ne m'en fuis pas tenu toujours à cet ordre, ce n'eft pas que j'aye
voulu

voulu m'écarter des bornes de la plus exacte impartialité.

b) J. J. Moser *gerettete völlige Souverainetät der Schweizerischen Eidgenossenschaft,* Tubing. 1731. 4.

§ 15.

Etats non royaux souverains.

Les autres états souverains qu'on met dans la classe des petits états, sont ou monarchiques, tel que le Duché de Siléfie et le comté de Glatz, les principautés de Monaco, de Bouillon, et de Henrichemont, ou bien ils ont la forme de république, telle que la république de Lucques, de San Marino, de Ragufe, les sept provinces unies, en considérant chacune en particulier, ainsi que le pays de Drenthe, les membres de l' union Helvétique, la plúpart des états agrégés tant affociés *a*) qu'alliés *b*) et le bourg de Gérifau.

a) Telle que l'abaye et la ville de St. Gal.

b) c. a. d. les Grifons, le Valais, la ville de Muhlhaufen, la principauté de Neufchatel, la ville de Genéve, l'évêché de Bâle.

§ 16.

Etats mi-souverains.

Parmi les Princes mi-fouverains il n'y a que les Electeurs qui jouissent des honneurs

neufs royaux. Du reste on range fous la
claffe des mi-fouverains. 1) les états de l'
Empire 2) le corps de la nobleffe immédiate en Allemagne, et quelques autres fei-
gneurs immédiats; 3) les princes immédiats
d'Italie qui reconnoiffent encore le lien de
foumiffion envers l'Empire *a*) 4) le Duc
de Courlande et Sémigalle 5) les Princes
de la Walachie et de la Moldavie *b*), 6)
les villes de Danzig *c*) et de Thorn, la ville
de Bienne.

a) Tel que le Milanais, Mantoue, Pié-
mont, Montferrat, Modéne, Mirandole, No-
vellare, Mafferan etc. MOSER *Verfuch* T. I.
L. I. c. I. § 12. L. II. c. I. § 20.

b) Voyés le BRET *Magazin* T. I. n. 2.
p. 149 et fuiv.

c) MOSER *von d. Reichsfländen*, p. 1110.

§ 17.

Etats dont la fouveraineté eft conteflée.

Enfin il y a quelques états dont la fouveraineté entiere eft encore en conteflation.
Outre ce qui a été dit plus haut de la fouveraineté de la Bohême, de la Siléfie, de
la république de Gênes, de Lucques et de
quelques états aggrégés de l'union Helvétique, on doit ranger dans cette claffe encore plufieurs états d'Italie *a*) dont cependant la fouveraineté n'eft pas à l'abri de
toute

toute contestation, et l'abaye d'Engel-
berg *b*) en Suisse.

a) Tel que le grand duché de Florence,
les duchés de Parme, Plaisance et Guastalle,
les principautés de Bozzolo, Sabionetta,
Masserano, Castiglione et Solferino voyés
GUNTHER *Europ. Völkerrecht* T. I. p. 120.

b) BÜSCHING *Auszug aus seiner Erdbe-
schreibung* p. 344.

§ 18.
Puissances maritimes.

La division des grands états d'après
leur situation en puissances du Nord, du
Sud, de l'Est et de l'Ouest de l'Europe, a
moins de rapport au droit qu'à la politique,
et à l'interêt particulier qui peut avoir lieu
quelque fois pour des états voisins. Il y a
une autre division qui tient également en
quelque façon à la situation des états, mais
qu'on ne sauroit négliger dans le droit des
gens; savoir la division des états en puissances maritimes et non maritimes. On nomme
état maritime en général, celui qui étant
voisin de la mer le voit en état de faire le
commerce par mer, mais en particulier on
entend par puissance maritime celle qui
entretient une flotte de vaisseaux de guerre *a*) et dans ce sens ce n'est proprement
que la Grande Brétagne, les Provinces unies
des

des pays bas, l'Eſpagne, le Portugal, les Siciles, le Danemarc, la Suéde, la Turquie, la république de Veniſe et depuis les tems plus récens la France (depuis le 17eme) et la Ruſlie (depuis le 18eme ſiécle) qu'on peut appeller puiſſances maritimes, tandis que les autres états ou n'ont jamais été puiſſance maritime où du moins ont ceſſé de l'être *b*). Enfin dans un ſens plus reſtreint encore on nomme puiſſances maritimes celles dont la force principale conſiſte en vaiſſeaux de guerre, ou dont le pouvoir maritime eſt prépondérant ſur les autres. Dans ce double ſens l'Angleterre et les Provinces unies ont été appellées depuis la fin du 17eme ſiécle *c*) les puiſſances maritimes, ſurnom par lequel on les diſtingue encore aujourdhui.

a) Ni les flottes marchandes ni quelques vaiſſeaux de guerre pour ſervir de garde-côtes ou de convoi, ni enfin une flotte de galères ne font la puiſſance maritime.

b) C'eſt ainſi que par différentes raiſons l'Empire (H. Com. de Bunau *de iure Imperatoris atque Imperii circa maria*, Lipſ. 1744. 4. ſurtout § 31.), la Pologne, la Suiſſe, la Hongrie, la Pruſſe, n'ont jamais été puiſſances maritimes, et que la puiſſance maritime de la ligue Hanſéatique et celle de Gênes a diſparu.

c) Voyés Mr. le comte de Hertzberg diſcours *ſur la veritale richeſſe des états,* etc. 1786.

Chap.

CHAPITRE III.

De la forme des états de l'Europe.

§ 19.

*De la division des états en monarchies
et en républiques.*

Lorsque dans un état l'ensemble des droits
de souveraineté et par conséquent la majesté
se trouve entre les mains d'une personne
physique, l'état est monarchique; mais si
c'est entre les mains d'une personne morale que le pouvoir souverain est remis, l'é-
tat a la forme d'une république, soit d'une
démocratie, soit d'une aristocratie, suivant
que le pouvoir suprème se conserve entre
les mains de tout le peuple, ou de ceux
qui le représentent ou bien qu'il est cedé
à une assemblée composée de membres de
l'état.

Pour dire que l'ensemble des droits de
souveraineté soit confié à quelqu'un, il n'est
pas nécessaire de supposer qu'il les possède
sans en excepter un seul, il suffit qu'il en
possède la plupart et les plus essentiels, de
sorte que quand même quelque droit de
souveraineté détaché seroit confié à un individu, et que même cet individu fût re-
vêtu

vêtu d'une charge et dignité éminente dans
un état, cet état n'en feroit pas moins ré-
publicain fuppofé que le refte des droits fe
trouvaffent entre les mains d'une affemblée,
et que chaque individu dans fon rapport à
l'état y fût fujet.

De plus, l'enfemble des droits de fouveraineté peut être confié à un individu, ou
à une affemblée de façon que ceux qui le
poffédent puiffent auffi l'exercer fans avoir
befoin de l'avis ou du confentement de
quelques autres; il fe peut auffi que l'exercice de ces droits ou du moins du quelques
uns d'entre eux demande encore l'avis ou
le confentement du peuple ou de fes repré-
fentants; le premier cas a lieu dans les monarchies et dans les républiques *illimitées*, le
dernier dans celles qui font *limitées*.

§ 20.
Des monarchies et des républiques en Europe.

En appliquant ces principes aux états
de l'Europe on voit facilement I) que tous
les états de l'Europe qui ont un roi pour
chef, que l'Empire et la Pologne même,
font des états monarchiques quelle que foit
du refte la différence du pouvoir plus ou
moins limité de leur chef. II) qu'on doit
ranger au nombre des républiques 1) celle

C 2   de

de Venife et celle de Gênes bien que l'une
et l'autre fe fafle repréfenter a) par un
Doge lequel non obftant fa dignité et fes
droits eft fujet de l'état et membre feulement
du pouvoir fouverain; 2) chacune des fept
provinces unies des pays bas b), non obftant
la dignité et les droits de leur Stadhouder
héréditaire qui dans cette qualité eft membre du gouvernement dans chacune de ces
provinces et chargé d'exercer plufieurs droits
régaliens au nom de quelques unes d'entre
elles, mais qui ne pofféde ni l'enfemble
des droits régaliens ni la majefté perfonnelle
qui en dépend, 3) chacun des treize cantons
qui compofent l'union Helvétique; mais
que III) ni le corps des provinces unies des
pays bas ayant à fa tête un Stadhouder général et héréditaire de l'union, ni l'union
Helvétique ne peuvent être confiderés comme un *état* qui à proprement parler, fuppofe un pouvoir fouverain et commun, tandis que l'enfemble des droits de fouveraineté ne fe trouve être remis dans aucune
de ces deux affociations ni entre les mains
d'une affemblée, ni entre celles d'une perfonne phyfique, mais que les membres de
ces corps font des états pleinement fouverains réunis par un lien égal, en vertu du
quel ils exercent de certains droits en
commun, mais fans qu'aucun membre re-
connoiffe

connoiſſe au deſſus de lui la ſouveraineté de tous les autres, de ſorte que ce n'eſt que dans un ſens fort étendu qu'on peut donner à ces deux aſſociations d'états, d'ailleurs très différentes entre elles, le titre de *république.*

Je paſſe ſous ſilence les autres petits états tant ſouverains que mi - ſouverains de l'Europe, dont il ſeroit trop long d'examiner ici la conſtitution.

a) Voyés ſur la république de Veniſe LE BRET *Vorleſungen über die Statiſtik* T. I. p. 230 et ſuiv. et ſur celle de Gênes: *les loiſirs du chevalier* d'EON T. VI. p. 80.

b) PESTEL *commentarii de republica Batava,* Lugd. Bat. 1782. 8.

§ 21.
Les monarchies ſont ou héréditaires ou électives.

Les états monarchiques ſont ou héréditaires ou électifs ou bien ils tiennent de l'un et de l'autre. Le droit et l'ordre *a*) de la ſucceſſion dans les états héréditaires eſt fixé ou par l'uſage, ou par des loix fondamentales, ou par des pactes de famille, ou même, ainſi qu'on l'a vu plus d'une fois en Europe il eſt fixé ou confirmé par des traités avec des puiſſances étrangères *b*). Dans les états électifs le droit de l'élection

C 3   eſt

eſt entre les mains ou des repréſentans de
la nation, telle qu'en Pologne, ou de quelques uns des principaux de l'état civil
telle qu'en Allemagne ou de ceux de l'état
eccléſiaſtique telle qu'à Rome l'élection du
Pape eſt entre les mains des cardinaux. Il
eſt des états qui tiennent de la ſucceſſion
et de l'élection à la fois, tel que la Ruſſie
depuis Pierre I. *c*) et la Turquie. Quelques uns les appellent pour cela mixtes *d*)
d'autres les nomment patrimoniaux *e*).

a) Dans tous les grands états héréditaires d'aujourdhui les deſcendans mâles ont
des avantages ſur les princeſſes quant au droit
ou à l'ordre de la ſucceſſion de ſorte que le
ſexe, ou eſt entierement exclus du throne
(comme en France et actuellement en Suéde
et en Sardaigne), ou qu'il ne ſuccéde qu'a-
près l'extinction entiere de la ſouche mâle
de toutes les branches (comme en Danemarc,
en Eſpagne, en Sicile, en Pruſſe), ou enfin
que du moins dans la même branche les Princes
ſont préférés aux Princeſſes (tel qu'en Angleterre et en Portugal).

b) La ſucceſſion aux royaumes d'Eſpagne
après la mort de Charles II. et celle dans les
états de l'Autriche après la mort de Charles
VI. peut ſervir ici d'exemple.

c) Büsching *Magazin für die neue Hi-
ſtorie und Geographie* T. X. Schlözers hi-
ſtoriſche Unterſuchungen üb. Rußlands Reichs-
grundgeſetze, Gotha 1777. 8. Curtius *über
das Ruſſiſche Succeſſions-Geſetz.* Voyés
Dohms *Materialien* IIIte Lieferung.

d) Quel-

d) Quelque fois cependant on entend par état mixte celui où le fucceffeur a befoin encore de la confirmation de la nation pour monter fur le throne voyés ACHENWALL *de regnis mixtae fucceffionis,* Gottingae 1762. 4.

e) NEYRON *principes du droit des gens* p. 97.

§ 22.

Les monarchies font ou defpotiques ou illimitees ou limitees.

Les monarchies en Europe different infiniment quant à l'étendue du pouvoir qu' a le fouverain d'exercer feul fes droits de fouveraineté. Si l'exercice de fes droits n'eft affujetti a aucunes reftrictions qu'à cel- les que le droit public univerfel prefcrit à tout fouverain, l'état eft defpotique (tel que la Turquie *a*) et une partie de l'Em- pire de Ruffie; fi cet exercice appartient au fouverain feul, mais qu'il y ait des loix fondamentales pofitives qui en gênent l'exécution, l'état eft *monarchique* en fens particulier, mais on l'appelle encore illi- mité. [Tel que le Dannemarc, l'Efpagne en grande partie, la Pruffe, les deux Sici- les *b*).] Si pour exercer plufieurs droits de fouveraineté le Prince eft obligé de deman- der l'avis ou le confentement de la nation ou d'en fouffrir même le concours, l'état

C 4   devient

devient une *monarchie* plus ou moins *limitée*, fuivant que le fouverain ou ne doit de.
mander l'avis ou le confentement de la
nation que pour quelques droits particuliers
[tel qu'en France *e*), dumoins pour les pays
d'états, en Portugal dans la théorie, en
Hongrie, en Bohème *d*), en Suéde *e*),] ou
que quelques droits particuliers font partagés entre le fouverain et la nation, (tel qu'
en Angleterre *f*),) et que dans l'un et l'autre de ces cas il peut exercer feul tous les
autres droits; ou bien que le fouverain n'a
que quelques droits particuliers, dont il
peut difpofer feul, et qu'à l'égard de tous
les autres il doit demander l'avis ou le confentement de la nation, ou même qu'il
doit partager avec elle (tel qu'en Allemagne
et en Pologne).

a) Voyés Stoeven *hiftorifch - ftatiftifche
Befchreibung des Osmannifchen Reichs*, Hamb.
1784. Le Bret *Magazin der Staaten - und
Kirchenhiftorie*, P. I. n. 2. P. II. n. 2.

b) Jos. Basta *inftitutiones iuris publici
Neapolitani*, T. I. II. à Naples 1783. 8.

c) *Maximes du droit public*, T. I. II. 4.
Boulainvilliers *hiftoire des anciens parle-
mens* avec 14 *lettres fur les affemblées des
états généraux.*

d) Pütter *Handbuch der teutfchen Staaten* T. I. p. 157.

e) *Ver-*

e) *Versuch über Schwedens Geschichte und dermalige Staatsverwaltung*, Stralsund 1780. p. 204.

f) DE LOLME *Constitution de l'Angleterre* seconde édition, chap. 5.

§ 23.

Les républiques sont ou aristocratiques ou démocratiques ou mixtes.

Parmi les républiques en Europe il en est qui sont aristocratiques, c'est à dire où le pouvoir souverain sur le peuple est entre les mains d'une assemblée des membres de cet état; que le droit d'aspirer au gouvernement ou d'y entrer soit héréditaire ou non, et que les membres de l'assemblée participent au gouvernement pour la vie ou pour un certain nombre d'années. Ces aristocraties sont absolues lorsque l'assemblée peut exercer seule tous les droits de souveraineté tel que le Sénat à Venise et à Gênes et celui de plusieurs cantons Suisses a) elles sont limitées, lorsque l'exercice de certains droits est lié à l'avis ou au consentement du peuple ou de ceux qui le représentent, (p. e. à Zurich) ou que certains droits sont partagés entre le sénat et le peuple (p. e. à Hambourg). Il en est d'autres qui sont démocratiques, c. a. d. ou l'ensemble des droits se trouve entre les mains du peuple au quel sont subordonnées

les

les affemblées dont il fe fert pour exercer des droits que le peuple entier ne feroit pas en état d'exercer immédiatement (tel que plufieurs des cantons Suiffes)

Enfin il fe peut que l'enfemble des droits foit partagé entre les *citoyens* de différens ordres de l'état p. e. la noblefle, le clergé et les villes, alors on peut appeller cette forme de gouvernement *mixte:* elle diffère encore de l'ariftocratie limitée, de laquelle d'ailleurs elle approche le plus. Telle eft la conftitution de chacune des fept provinces unies des pays-bas, de forte cependant que dans quelques unes l'état tient plus de l'ariftocratie que dans les autres *b).*

Il fe peut encore que quelque province ait pour chef une ou plufieurs républiques (p. e. les pays de la Généralité foumis aux fept provinces unies, ou les baillages en Suiffe appartenans à plufieurs Cantons; mais cela feul ne peut pas lui valoir le nom de république à proprement parler; les membres du pouvoir fuprème n'étant pas membres et fujets de l'état.

a) Voyés fur la Suiffe LEONH. MEISTER *Eydgenoffifches Staatsrecht 1786. 8.   Etat et délices de la Suiffe,* à Neufchatel 1778. T. I. II. 4.

b) PESTEL *commentarii de republ. Batav.* T. II. § 184.

CHAPI-

CHAPITRE IV.

De la Religion des peuples de l'Europe.

§ 24.
Histoire des religions.

Une grande partie de l'Europe et même
de l'Asie et de l'Afrique avoit deja embrassé
la religion Chrétienne *a*) lorsqu'au commencement du 7eme siécle Mahomed vint
l'obscurcir des ténébres de sa nouvelle do-
ctrine. Bientôt ses successeurs peu contens
d'avoir introduit leur religion le fer à la
main dans nombre de provinces conquises
hors de l'Europe, se jetterent au 8eme siécle sur l'Espagne et s'en emparerent. Cependant ils furent repoussés, puis opprimés,
et enfin chassés entierement au commencement du 17eme siécle, de cette partie de l'
Europe. D'ailleurs par le soin des églises
de l'occident, la religion Chrétienne fut
introduite de plus en plus en Allemagne au
7eme siécle, en Suéde, en Danemarc, en
Bohème, au 10eme, enfin en Prusse au
13eme siécle, et surtout par les soins des
missionaires de l'orient la Hongrie, la Pologne, la Prusse fut gagnée pour la religion
chrétienne. Toutefois l'on n'a pu empêcher

pêcher que les Turcs profitant de la foi-
blesse des Empereurs d'Orient n'ayent mis
pied ferme en Europe au 14eme siécle, et
qu'après s'être rendu maitres de Constanti-
nople 1453. ils n'y ayent jetté le fondement
de la feule monarchie non chrétienne, qui
jouit encore aujourdhui d'une existence
conventionnelle dans l'Orient de l'Europe.

a) SPITTLER *Grundriß der Gefchichte
der chriftlichen Kirche,* feconde edition, à Gottingue 1785.

§ 25.

De plus dans le fein de l'Eglife Chrétienne même il s'éleva des difputes qui cau-
ferent au milieu du 11eme siécle un fchifme
total entre l'églife Grècque et l'églife Romaine. La premiere domine encore aujourdhui en Ruffie; elle eft tolerée en
Hongrie, en Pologne, en Turquie, et
dans quelques villes de plufieurs autres puiffances chrétiennes. Elle ne reconnoit point
de chef commun en matiere eccléfiaftique,
fi ce n'eft qu'en partie fes difciples fe font
foumis au Pape fous le nom de *Grecs unis.*
L'églife Romaine au contraire comprenant
fous elle tout le refte de l'Europe jufqu'au
16eme siécle a reconnu l'Evèque de Rome
comme chef fpirituel en matiere eccléfiaftique

ftique. Bientôt cependant les réformes que
Luther commença au 16eme siécle en Allemagne, et Zwingle puis Calvin en Suiſſe
gagnerent de plus en plus non ſeulement
en Allemagne et en Suiſſe même, où l'on
vit bientôt les triſtes effets des diſputes
élevées entre les diſciples des deux premiers réformateurs, mais la réforme
de Luther fut d'abord adoptée en Pruſſe,
en Danemarc, en Suéde, et celle de Calvin
gagna en Hollande et en France. Elle
ſervit en certain point de modèle à la réforme établie en Angleterre et en Ecoſſe.
De ſorte qu'après bien des troubles, après
bien des perſécutions et bien du ſang ré-
pandu, une partie de l'Europe en ſecouant
le joug du Pape proſcrivit entierement la
religion Romaine de ſes états; dans d'autres
parties la religion Luthérienne et réformée
fut introduite à côté de la religion catholique Romaine, ou du moins y eſt encore
tolérée; dans d'autres enfin la réforme ou
n'a jamais pu pénétrer, ou y a ſuccombé
après quelques efforts inutiles.

§ 26.

Du lien entre les états d'une même religion.

En conféquence de ces révolutions la
plus grande et la plus puiſſante partie de
l'Europe eſt reſtée encore dans le ſein de
l'égliſe

l'église Romaine; elle forme jusqu'à ce jour
un seul état quant à ce qui concerne le
spirituel; et ses membres reconnoissent le
Pape comme chef commun avec plus ou
moins d'étendue de droits et d'autorité suivant la diversité des systèmes qu'ils ont
adoptés, et des concordats *a*) qui ont été
faits entre presque chaque état Catholique
et le Pape, et qui pour quelques uns ont
considérablement diminué son autorité.
Les états protestans au contraire n'ayant
point adopté le système de l'unité de l'é-
glise n'ont conservé aucun lien *b*) soit égal
soit inégal entre eux, en fait du spirituel,
ni les Luthériens entre eux, ni les Calvini-
stes, tandis qu'au contraire l'église de chaque état se considere comme une société
séparée. Chacune de ces sociétés a confié
les droits qui lui appartiennent en cette qualité, aux mains de son chef temporel, en
joignant ces droits à ceux que le pouvoir
civil lui accordoit déja sur l'église: ou
bien elle a remis ces droits entre les mains
d'évèques élus soit par l'église soit par le
prince, ou enfin ainsi que cela a lieu dans
la plupart des états réformés, elle les fait
administrer par les préposés et dans les sy-
nodes qui se tiennent pour cette fin.

'*a*) Voyés le catalogue de ces concordats chés Mr. le BRET *Vorlesungen über die
Statistik* T. II. p. 352. et suiv.

b) Il

b) Il fubfifte cependant un lien *particulier*
p. e, entre les églifes des fept provinces unies
quoiqu'on n'en voye plus aujourdhui de grands
effets. Le lien qui joint et les membres du
corps des états Proteftans entre eux, et ceux
du corps des Etats Catholiques entre eux en
Allemagne et dont on voit furtout l'effet à la
diète, eft d'un genre tout différent; il ne
concerne pas l'exercice du pouvoir eccléfiaftique. Il a pour but le maintien des droits
affurés aux deux religions par la paix de Weftphalie et par d'autres loix de l'Empire.

§ 27.
Des fectes chrétiennes en Europe.

Outre les confeffions de la religion
Chrétienne dont il vient d'être parlé, il
exifte encore nombre de Sectes Chrétiennes
telles que celle des Sociniens, des Anaba-
ptiftes (dont il y a bien des branches), des
freres Moraviens etc. mais dans aucun
des états de l'Europe, elles font à confidérer comme religion dominante quoique
bien des puiffances leur ayent accordé d'
affés grands avantages quant à l'exercice de
leur religion, et même quant au droit de
former un corps féparé, tandis que d'autres
on ne les admettent point du tout, ou fe
bornent à tolèrer fimplement les individus
qui en font membres.

§ 28.

§ 28.
Des Juifs.

Enfin quant à ce qui concerne les Juifs, cette nation fi fouvent perfécutée, opprimée et presque partout avilie, et dont cependant un état commerçant a de la peine à fe paffer entierement, il y a des pays ou généralement parlant leur religion n'eft pas tolérée du tout, comme en Efpagne, en Portugal, en France *a*), en Ruffie, en Danemarc *b*) et en quelques provinces de l' Empire, il y en a d'autres ou elle eft tolérée et même exercée publiquement à quelques endroits, ce qui a lieu en Suéde *c*), en Angleterre *d*) dans bien des provinces de l'Allemagne, en Hongrie, dans quelques parties de l'Italie, en Pologne, en Pruffe, en Turquie, à Venife et dans les pays bas; cependant partout l'état civil des Juifs differe de beaucoup de celui des fujets qui font de la religion dominante.

a) Elle eft tolerée cependant dans quelques parties du royaume comme à Nancy, à Bourdeaux, à Bayonne et dans quelques contrées de l'Alface. Voyés le BRET *Magazin* etc. T. VII. p. 62.

b) Par la loi de Chrétien V. Cependant elle eft tolerée à Copenhague.

c) Depuis 1776. voyés ACHENWALL *Statiftik* T. II. p. 652 (1785).

d) voyés le *Mercure hiftor. et politique* 1753. p. 665. ADELUNG *Staatsgefchichte* T. VII. p. 343.

LIVRE

LIVRE II.

Des sources du droit des gens positif.

CHAPITRE I.
Des Traités.

§ 29.

Des obligations positives en général.

Les puissances souveraines ne reconnoissant au dessus d'elles d'autre législateur que Dieu, n'ont aussi d'autres droits et obligations entre elles que celles que les loix divines naturelles ou positives leur imposent. Mais elles peuvent ajouter à ces obligations primitives en renonçant volontairement à une partie de leurs droits, ou en se chargeant de nouvelles obligations, de sorte qu'alors elles sont tenues de faire, de ne pas faire, ou de souffrir ce qu'elles n'étoient pas obligées, ou ce que du moins elles n'étoient pas obligées parfaitement de faire, de ne pas faire, ou de souf-

D   frir.

frir. La fource de ces nouveaux droits qui forment le droit des gens pofitif eft donc la volonté mutuelle des peuples. Or cette volonté peut fe trouver ou *déclarée* foit par des fignes de leurs penfées, tels que les paroles, les geftes et d'autres marques reçues comme fignes, foit par des actions desquelles on peut déduire leur confentement; ou bien elle peut être *préfumée*, en argumentant de ce qu'on leur a vu faire jusqu'ici, à ce qu'elles vont faire à l'avenir. De là les différens fondemens du droit des gens pofitif, favoir les conventions expreffes, les conventions tacites, l'ufage.

§ 30.
Des traités en général.

Les conventions expreffes qui fe font de nation à nation font appellées conventions publiques ou traités, celles que le fouverain fait comme particulier, ou les conventions qu'il fait comme fouverain mais avec des particuliers comme tels, ne portent pas le nom de traités *a*) et ne font pas de notre reffort.

a) GROTIUS liv. II. chapitre 15. § 1. et fuiv.

§ 31.

§ 31.
Qu'il faut pour qu'un traité soit valide,
1) qu'on ait pu consentir.

Pour qu'une convention soit obligatoire il faut 1) qu'elle ait été contractée au nom et par autorité du pouvoir souverain; ce qui au contraire a été promis par un souverain ou par quelque subalterne au de là des limites de l'autorité qui lui a été confiée *a*), n'est tout au plus qu'une simple promesse (*Sponsio*) *b*) qui n'oblige que cette personne à engager la nation de le ratifier, sans pouvoir lier l'état, lequel peut refuser sa ratification. De l'autre côté, ce qui a été stipulé par un subalterne en conformité de son plein-pouvoir devient à la rigueur obligatoire pour la nation du moment même de la signature, sans que sa ratification soit nécessaire. Cependant pour ne pas abandonner le sort des états aux erreurs d'un seul, il a été introduit par un usage généralement reconnu, que les conventions publiques (mais non pas les simples arrangemens militaires en tems de guerre) ne deviennent obligatoires que lorsqu'elles ont été ratifiées *c*). Le motif de cet usage indique assés qu'on ne peut y provoquer avec justice, que lorsque celui qui est chargé des affaires de l'état, en se tenant dans les bornes de son pleinpouvoir public, a

D 2

franchi

franchi celles de fon inftruction fecrette, et
que par conféquent il s'eft rendu puniffable,
(ou bien lorsqu'on refufe de l'autre côté
de ratifier.)

a) C'eft ainfi qu'un monarque lors même
que fon pouvoir n'eft pas limité par des états,
ne peut pas ftipuler valldement ce qui eft
contre les loix fondamentales, à moins que
la nation ne le ratifie enfuite. Voyés la
deffus l'exemple de la renonciation éventuelle
de Philippe V. à la fucceffion de la couronne
de France en 1711. *Mémoires de* TORCY T.
III. p. 130. MONTGON T. II. p. 252. 491. T.
III. p. 70. SCHMAUSS *Einleit. in die Staats-
wiffenfchaft* T. I. p. 389.

b) Voyés l'exemple remarquable dans
TITE LIVE liv. 9. chap. I.

c) DE REAL T. V. p. 640 fq. HEROLD
de ratificatione. DE MEIERN *de iure rati-
habitionis.*

§ 32.

2) Il faut qu'on ait confenti.

2) Il faut que le confentement ait été
fuffifamment déclaré foit par des paroles,
foit par des fignes, aux quels l'ufage attribue la même force. Il eft indifférent quant
à l'obligation, que ces paroles ayent été
prononcées de vive voix *a*) ou couchées
par écrit, quoiqu'on ne manque jamais
aujourdhui de les mettre par écrit pour
faciliter la preuve. Du refte la forme du
traité

traité n'y fait rien; une fimple promeffe déclarée et acceptée a la force de traité entre les nations *b*) comme entre des particuliers.

a) Mr. Neyron fuppofe gratuitement, que les conventions faites de bouche ne font plus obligatoires aujourdhui entre les nations. Voyés fon traité *de vi foederum fpeciatim de oblig. fucceff. ex foed. anteceff.* § 23. C'eft confondre le fait avec le droit.

b) On fe tromperoit fi l'on vouloit borner le droit des gens conventionnel à ce qui eft réglé par des traités formels. Plus on entre dans le détail des rapports établis entre quelques nations, plus on trouve qu'une partie affés confidérable de leurs droits repofe fur de telles conventions deftituées de follemnité. Il femble que ceux qui ont traité jusqu'ici du droit des gens n'ont pas accordé à cette obfervation toute l'attention qu'elle mérite.

§ 33.
3) *librement.*

3) Il faut que le confentement ait été donné librement. Ce qui a été extorqué par une néceffité phyfique n'eft pas obligatoire à caufe du défaut de confentement: ce qui a été extorqué par une néceffité morale, c. n. d. par la crainte d'un plus grand mal eft obligatoire, fi la violence que l'autre employoit étoit jufte; mais au contraire

fi cette violence étoit injufte l'obligation
ceffe par le défaut de titre pour celui qui
devoit acquérir un droit *a*). Cependant
la fureté, la liberté, et l'indépendance des
nations ne peut fubfifter, fi au défaut d'un
juge fupérieur et au défaut d'un droit de
fe juger l'une l'autre elles ne reconnois-
foient comme jufte quant aux *effets externes*
toute violence employée par une autre, pour
peu que le cas foit douteux.   C'eft pourquoi l'exception de la crainte ne peut être
oppofée à la validité des traités de nation
à nation, que tout eu plus dans le cas, ou
l'injuftice de la violence employée eft fi
manifefte, que le cas ceffe d'être douteux.

    a) Voyés PUFFENDORF *droit de la nature
et des gens* liv. III. chap. 6.

§ 34.

4) *Le confentement doit être mutuel.*

    4) Il faut que le confentement foit
mutuel et qu'il foit donné pour le même
objet.   L'erreur lorfqu'elle a lieu à l'égard
d'un point qui a engagé à la convention exclut le confentement, que cette
erreur foit fimple ou qu'elle ait été caufée
par la mauvaife foi, foit du contraclant, foit
d'une tierce perfonne *a*).

    La lézion au contraire n'eft pas une
raifon juftificative entre les états pour fe
                                        dédire

dédire d'un traité, puisque 1) c'est à chaque nation à peser ses interets; 2) rien n'empêche l'autre d'acquérir des droits d'une
convention dont les conditions font inégales en fa faveur; et qu'enfin 3) personne
ne pouvant déterminer le degré de la lézion requis pour infirmer la convention,
ni juger d'une façon obligatoire du degré
de lézion que telle convention contiendroit,
la propre fûreté et le bien être des nations
exige, de ne point admettre une exception,
qui fapperoit le fondement de tous les traités.

a) Puffendorf *droit de la nature et des
gens* Liv. III. chap. 6. §. 6 feq. Grotius L.
II. chap. XI. n. 6. chap. XII. n. 12.

§ 35.
5) *Que l'exécution foit poffible.*

5) Enfin il faut que l'exécution du
traité foit phyfiquement et moralement
poffible. De forte que fi 1) l'accompliffe-
ment en étoit phyfiquement impoffible ou
par la nature de la promeffe ou par les
circonftances; de même fi 2) l'accomplif-
fement bleffoit les droits d'un tiers, ou ten-
doit à la ruïne *a*) de la nation qui promet,
la convention feroit nulle, ou cefferoit d'
être obligatoire.

a) Pourvu qu'on ne fe ferve point de ce
prétexte en chaque cas ou une nation pourroit
éprou-

éprouver quelque defavantage de l'accompliffe-
ment d'un traité. Voyés de quelle maniere
feu le Roi de Pruffe s'eft expliqué fur ce fujet 1746 et 1775. v. Mr. le comte de HERTZ-
BERG *memoire hiftorique fur la derniere année
de la vie de Fréderic II. Roi de Pruffe* 1787.
8. p. 33 et fuiv. en comparant p. 41 et fuiv.

§ 36.
Différentes fortes de traités.

Les traités fervent ou à confirmer des
droits qui nous étoient déja dûs parfaitement par la loi naturelle, ou à changer
en obligation parfaite ce qu'on ne nous
devoit qu'imparfaitement a), ou bien à nous
faire promettre ce qu'on ne nous devoit
nullement. Il y a des conventions qui s'
accompliffent d'un feul coup, par exemple
les traités de limites, d'echange etc., il en
eft d'autres qui ne peuvent s'accomplir que
fucceffivement dans la fuite des tems tel
que les traités de commerce, les alliances
etc., et ce font ceux-ci qu'on appelle *traités* en particulier *(foedera)* en oppofition
aux conventions tranfitoires *(pacta tranfi-
toria)*. On peut y ajouter des traités mixtes, qui renferment des articles de l'un et
de l'autre genre.

a) Mr. MENDELSON dans fon traité fous
le titre *Phaedon*, pag. 219. et *Jerufalem*
p. 53 et fuiv. foutient, que les traités ne fervent

vent qu'à rendre parfaites les obligations imparfaites.

§ 37.
Égalité des traités et des alliances.

Les alliances font égales ou inégales. On ne doit pas confondre l'égalité du traité et celle de l'alliance. L'égalité du traité dépend de l'égalité des fecours ftipulés, eu égard toutefois au rapport qu'il y a entre les forces et l'interêt qu'ont les puiffances contractantes *a*). L'égalité de l'alliance dépend du rapport et du traitement qui eft établi entre les fouverains en vertu du traité. Elle eft inégale quand une puiffance s'engage à donner plus d'honneur à l'autre qu'elle n'en reçoit. Les traités de protection, de tribut, de vaffallage font de ce genre. Il fe peut que le traité foit égal et l'alliance inégale et *vice verfa:* Il fe peut que l'un et l'autre foient égaux ou inégaux.

a) C'eft ainfi que le traité peut être égal, bien que le fecours promis foit inégal, quand une puiffance a plus d'interêt à le conclure, ou plus de forces que l'autre. L'alliance de 1731 avec les Hollandois, le pacte de famille de 1761 font des traités égaux quoiqu'ils foient inégaux en apparence. C'eft à la politique à juger fi le traité eft égal.

§ 38.
Des traités perfonnels et réels.

Les traités proprement dits font ou perfonnels ou réels. Perfonnels lorsque leur
durée eft attachée à la perfonne du fouverain avec lequel on contracte ou à fa famille. Réels lorsque leur durée eft attachée
à l'état indépendemment de la perfonne
qui contracte. Tous les traités des républiques entre elles font réels par la nature
de la chofe Tous les traités faits pour
un tems déterminé ou pour toujours, font
réels; à l'égard de ceux qui fe font pour
un tems indéfini, il faut avoir égard aux
termes du traité, aux circonftances et à la
conftitution des états pour décider de leur
qualité *a*). Aujourdhui d'ordinaire on a
foin de s'exprimer là-deffus de façon à ne
plus laiffer de doute.

a) Grotius Liv. II. chapitr. 16. § 16.
Vattel L. II. chap. 12. § 190.

§ 39.
Importance de cette divifion.

Cette divifion eft importante en ce que
les traités réels ne ceffent d'obliger que
dans les cas ou en général un traité devient
invalide, et que tout fucceffeur eft tenu
de les obferver, qu'il fuccède à titre univerfel

fel ou à titre particulier *a*) fans qu'il foit
befoin de les renouveller. Mais les traités
perfonnels exfpirent 1) quand celui ou ceux
à la perfonne desquels le traité eft lié
viennent à mourir; 2) quand ils ceffent de
régner foit en abdiquant, foit en perdant
la couronne, à moins que l'alliance n'ait
pour but de maintenir la famille fur le
throne et que celle-ci n'ait pas encore perdu tout l'efpoir d'y remonter.

a) Grotius Liv. II. c. 14. § 10. chap.
16. § 16. Neyron *de vi foederum inter gentes* etc. Gotting. 1778. 4.

§ 40.
Durée des conventions tranfitoires.

Il y a encore une différence bien importante entre les conventions tranfitoires et
les traités relativement à leur durée. C'eft
que quand les conventions tranfitoires ont
été accomplies une fois, et que la volonté
des contractans n'apporte point de bornes
à leur durée, elles fubfiftent toujours. Les
changemens qui peuvent avoir lieu à l'é-
gard de la perfonne du fouverain, de la
forme, et de la fouveraineté de l'état, n'in-
fluent aucunement fur la validité de la convention, tant qu'elle eft obfervée de l'autre
côté; et dans le cas même où pour d'autres

tres caufes il vient à s'allumer une guerre *a*) entre les contractans la convention
ne tombe pas pour cela d'*elle même*, bienque l'effet en foit fufpendu dans le cours
de la guerre. Toutefois en prenant la
chofe à la rigueur, on doit admettre des
cas où l'ennemi pour fe procurer la fatisfaction qui lui eft due, pourroit déclarer
fon adverfaire déchu de tous les droits
fondés fur des traités quelconques qu'il
auroit fait avec lui.

a) Moser *von der Verbindlichkeit der*
Friedensfchlüffe bey entftehendem neuen Kriege
voyés fes *vermifchte Abhandlungen aus dem*
Europ. Völkerrecht 1.Stück p. 33.

§ 41.
Durée des traités.

Les traités proprement dits au contraire
et ceux même qui auroient été faits pour
toujours ceffent d'être obligatoires 1) lorfque le pouvoir fouverain qui les a conclus
ceffe, et que l'état paffe fous la domination d'une autre puiffance; 2) quelque fois
lorfque l'état change de conftitution, fi
l'alliance ou la garantie avoit été ftipulée
relativement à l'ancienne conftitution; 3)
les traités tombent d'eux-mêmes lorfqu'il
s'élève une guerre entre les contractans
pour quelque fujet que ce puiffe être, en
exce-

exceptant feulement les articles qui ont été faits pour ce cas même *a*).

A plus forte raifon un fouverain eft en droit de déclarer expreffément qu'il ne veut plus y être tenu. Il faut donc que les traités foient renouvellés lors qu'on fait la paix, fi l'on a deffein de les continuer. On doit convenir cependant qu'à l'égard de l'un & de l'autre de ces points les fouverains n'ont pas fuivi conftamment les mêmes principes *b*).

a) p. e. ceux qui touchent le traitement des fujets, de leurs vaiffeaux, de leurs marchandifes etc. dans le cas d'une rupture.

b) Moser dans la differtation alléguée p. 35I.

§ 42.
Leur renouvellement.

Pour prévenir autant qu'il eft poffible les difputes qui pourroient naitre fur la validité des traités faits par les prédéceffeurs, ou par les puiffances avant d'être entrées en guerre il eft d'ufage 1) que les fouverains lors de leur avénement au throne, foit qu'ils y montent à titre d'élection, foit qu'ils y parviennent à titre de fucceffion, donnent des déclarations aux puiffances alliées pour confirmer les traités faits avec

leurs

leurs prédécesseurs. Cependant une telle déclaration qui souvent ne se fait que de bouche & très-généralement n'est guere suffisante pour prévenir toutes les disputes qui pourroient naitre sur ce point. 2) que lors d'un traité de paix l'on a soin de renouveller médiatement ou immédiatement tous les traités qu'on pourroit soupçonner seulement avoir été rompus par la guerre, & qu'on a le dessein d'observer encore dans la suite. On ne peut cependant pas étendre cet usage jusqu'au point de regarder comme invalide tout traité que les contractans n'ont pas renouvellés médiatement ou immédiatement en faisant la paix.

§ 43.
Des moyens d'affermir les traités.

Pour mieux assurer l'observation des traités autrefois l'on avoit recours à bien des conventions accessoires, qui en partie étoient même assés absurdes; mais surtout on fit usage du serment *a*) des ôtages, des cautions & des conservateurs *b*) de paix, pour lesquels on choisissoit fréquemment les propres sujets & vassaux de l'empire. Aujourdhui le serment n'est plus guere en usage *c*) dans les traités des souverains. On se sert encore des ôtages, mais c'est surtout pour les arrangemens militaires

en

en tems de guerre, ou pour quelque article particulier d'un traité de paix *d*). Mais
l'ufage de choifir fes propres fujets pour
caution & pour confervateurs & garans de
la paix, a changé tellement, que depuis le
16eme fiécle on a commencé de plus en
plus à leur fubflituer des puiffances étrangères qu'on a prié de fe charger de la garantie de la paix *e*); delà nos garanties
modernes, plus fréquentes qu'utiles peut être.

a) GROTIUS L. II. chap. 13. Ce moyen
et d'autres ou la religion entroit pour quelque chofe (p. e. la foumiffion au ban eccléfia-
flique en cas d'infraction v. DE REAL T. V.
p. 660.) a contribué particulierement à l'autorité que les Papes s'arrogerent à l'égard des
traités des fouverains. Se permettant de difpenfer du ferment, ils crurent pouvoir difpenfer auffi des traités v. LEIBNITZ dans la
préface de fon Code diplomatique. On ne
leur accorde du tout plus ce droit aujourdhui.

b) v. STECK *von den Geifeln und Confer-
vatoren und dem Urfprung der Garantieen*
voyés fon *Verfuch über verfchiedene Gegen-
flände*, 1772. n. 5. p. 48.

c) On trouve encore les exemples du
ferment à la paix des Pyrenées, à la paix de
Ryswik art. 38. et tout recemment à l'occafion de l'alliance conclue 1778. entre la France
et les 13 cantons Suiffes, laquelle a été confirmée par un ferment réciproque, voyés Mr.
MOSER *Verfuch* T. VIII. p. 287.

d) C'eft ainfi que p. e. à la paix d'Aix
la Chapelle l'Angleterre envoya des Otages à
Paris

Paris pour garantir la réſtitution du Cap Breton.

e) DE STECK dans la diſſertation citée p. 61. NEYRON *eſſai ſur les garanties*, à Gottingue 1777. 8.

CHAPITRE II.

Des conventions tacites, de l'uſage, et de l'analogie.

§ 44.

Des conventions tacites.

Ainſi que le conſentement exprès ſuppoſe des paroles ou bien d'autres ſignes qui ont même force que les paroles, le conſentement tacite ſuppoſe des actions qui ſans être les ſignes ſubſtitués aux paroles, prouvent la volonté de l'ame, et c'eſt par elles que ſe forment les conventions tacites. Elles ont la même force que les conventions expreſſes, tant à l'égard de la nature de l'obligation qu'elles produiſent, qu'à l'égard de leur irrevocabilité. Il y a une infinité d'actions desquelles l'on peut déduire le conſentement pour quelque objet tranſitoire. Il eſt des actions par lesquelles l'on s'engage

gage tacitement pour le futur de sorte qu'
il en résulte une régle pour l'avenir. Mais
pour qu'une action produise cet effet il
faut 1) qu'on l'ait entreprise ou omise librement et de connoissance de cause. 2)
qu'on se soit cru parfaitement obligé d'agir
de la sorte, ou du moins que 3) cette action
soit de nature à ne pouvoir être omise ou
commise une fois sans transporter sur un
autre le droit parfait d'en exiger pour toujours la continuation.

Lorsque ces trois circonstances ou dumoins les deux premieres concourent, une
seule action peut suffire pour faire preuve
de consentement tacite: mais la répétition
fréquente de ces actions sert à faciliter cette
preuve et à la renforcer.

§ 44.
De l'usage.

Toutes les fois au contraire qu'on en-
treprend ou omet une action absolument
arbitraire, ou du moins à laquelle l'on ne
croit être tenu qu'imparfaitement par les
régles de l'humanité, de la décence, et de
la politesse, non seulement une seule de
ces actions ne suffit pas pour prouver qu'
on veuille s'obliger parfaitement d'en faire
autant lorsque l'occasion s'en présentera
dans la suite, mais supposé même que du-

E   rant

rant des fiécles entiers une nation ait continué d'entreprendre uniformément ces mêmes actions, jamais la répétition la plus
fréquente de ces actions ne pourra-t-elle
fournir la preuve d'un engagement qu'une
nation a pris avec une autre pour le futur;
jamais elle ne pourra lui enlever le droit
de changer de conduite toutes les fois qu'
elle le jugera à propos, fans même confulter l'autre partie.   Tout ce qui peut
naitre de telles actions c'eft une préfomtion
que la nation fe conduira à cet égard fur
le même pied qu'elle l'a fait jusqu'ici, tant
qu'elle n'a pas déclaré le contraire et que
les circonftances n'ont pas changé. Cette
préfomtion peut naitre d'une feule action,
pourvu que celle-ci foit de nature à en
donner; elle eft renforcée par la durée du
tems, et par la fréquente répétition des
actions uniformément entreprifes qui font
naitre un ufage. Cet ufage par conféquent
ne repofe pas fur le confentement tacite,
mais fur la volonté préfumée de la nation
qui l'obferve.

Au droit qu'ont d'autres nations de préfumer, répond l'obligation de celle qui veut
abolir cet ufage, ou qui veut s'en écarter,
de le declarer à tems avant que la préfomtion fondée n'ait induit quelque autre à
une

une démarche qui lui deviendroit nuisible. Obligation qui quoiqu'imparfaite en elle-même est plus forte entre des nations unies par des traités d'amitié; aussi est-elle reconnue en général par les puissances de l' Europe *a*) qui l'observent constamment.

a) Remarqués entre une infinité d'exemples le ménagement extrème dont se servit le Pape Jules II. avant d'abolir le droit d'asyle et de franchise des Quartiers pour les ministres étrangers à Rome 1686 et suiv. v. Legatio Lavardini Romam missi 1688. 12. Encore ne s'agissoit il que d'un abus toléré.

§ 45.
De la force de l'usage.

Tandisque cependant ces usages 1) n' ont pas la force du consentement exprès ou tacite; 2) qu'ils ne concernent que des points aux quels on n'est pas parfaitement obligé, et qui par conséquent ne peuvent pas être extorqués par la force; 3) qu'ils peuvent être changés et abolis tous les jours par chaque nation pourvû qu'elle se déclare à tems; cette partie si considérable du droit des gens positif de l'Europe qui repose sur le simple usage, pourroit paroître reposer sur une base peu solide, s'il ne s'y joignoit des motifs extérieurs qui en garantissent en certaine façon la durée. Tels sont princi-

pale-

palement 1) la force natúrelle de l'habitude
qui à l'égard des cas moins importans &
fréquens exerce fon empire fur les nations
comme fur des particuliers; 2) le propre
interèt que telle nation a de conferver certains ufages; furtout 3) la crainte qu'en abo-
liffant tel ufage d'autres nations ne fe fer-
viffent de la retorfion, ou bien 4) qu'elles
ne vouluffent s'en venger en refufant l'ac-
compliffement d'autres devoirs coutumiers
ou même 5) que d'autres nations ne puiffent faire caufe commune pour refufer des
droits coutumiers à celle qui voudroit s'en
écarter. Enfin 6) la décence, la politeffe,
la vanité, l'oftentation entrent aûfi quelque fois pour quelque chofe, furtout lorsqu'il s'agit de ne point s'écarter de certains
points qui touchent le cérémonial.

§ 46.
Du changement de l'ufage.

Du refte on ne fauroit difconvenir, &
l'hiftoire & l'expérience le prouvent affés,
que les fimples ufages changent fucceffivement avec le tems & avec les circonftances.
Il n'en eft pas de même de ces ufages (fi
d'ailleurs on veut les nommer ainfi) qui
ne font que confirmer le droit des gens
univerfel, & qui par conféquent ne de-
vroient jamais changer.

D'ail-

D'ailleurs ce qui au commencement n'étoit que fimple ufage, peut quelquefois être changé en convention tacite ou expreffe, ainfi que de l'autre côté les conventions expreffes font quelquefois interprêtées, abolies ou changées par l'ufage qui s'introduit dans la fuite.

§ 47.
De l'analogie.

Enfin l'analogie eft une fource affés feconde de décifions, même pour les affaires des nations. C'eft l'application qu'on fait de ce qui par les traités ou l'ufage a été déterminé pour certains cas, à d'autres cas qui leur reffemblent & qui n'ont pas été décidés. De la reffemblance de ces deux cas dépend la force & la juffeffe de la décifion analogue.

Chapi.

CHAPITRE III.
De la prescription.

§ 48.
Que la prescription n'est pas de d. d. G. U.

La prescription peut-elle être considérée aussi comme une source particuliere de droits entre les nations; doit elle être considérée comme un moyen d'acquérir ou de perdre des droits? Le droit des gens universel la reconnoit-elle; est elle reçue par les puissances de l'Europe? Voila les questions souvent agitées dont nous allons nous occuper ici. On peut renoncer tacitement à la propriété ou à des droits qu'on possédoit, en entreprenant des actions qui font preuve du consentement à cette renonciation, & en perdant ses droits autoriser par là un autre à les acquérir *a*). Mais de savoir si le non usage de la propriété, ou de certains droits; si le silence gardé volontairement & sans erreur en voyant un autre posséder notre bien ou agir contre nos droits; peut nous faire perdre ceux-ci et suffire pour les faire acquérir irrévocablement par d'autres, lorsque ce non usage ou ce silence a été continué pendant long-

tems,

tems, c'eft là ce qu'on a en vue lorsqu'on examine fi la *prefcription b*) a lieu entre des nations libres. Or le fimple filence, le fimple non ufage, n'ont pas la force de confentement toutes les fois que nous ne fommes pas obligés de parler ou de faire ufage d'un droit, & cette obligation n'exifte pas entre des puiffances libres dans la rigueur du droit naturel; tant qu'il n'y a point d'engagement, la fimple préfomtion qui nait de notre filence ne fauroit nous enlever malgré nous nos droits pour le futur. La prefcription *b*) n'eft donc pas de droit naturel rigoureux, et fi même le bien-être des nations exigeoit qu'elles l'admettent, & qu'il fallût par conféquent préfumer qu'elles ont voulu y confentir, on n'a rien gagné tant qu'on ne peut déterminer le tems requis pour perdre ou pour acquérir par prefcription, et le droit univerfel ne fauroit déterminer ce tems avec affés d'exactitude.

a) Grotius de J. B. et P. Liv. II. c. 4. Puffendorf D. de N. L. IV. c. 12. Vattel droit des gens L. II. chap. XI. Cujace ad l. I. D. de ufucap. Feder *Recht der Natur* T. I. chap. 2. fect. 1. § 22. T. III. § 79.

b) Une poffeffion tellement immémoriale qu'il ne confte pas d'une poffeffion antérieure à celle-ci, fufft fans doute pour éluder les prétenfions de tout autre. Mais ce n'eft pas

là l'effet de la prescription fondée sur la du‑
rée de cette possession; c'est une suite de l'
impossibilité naturelle pour tout autre de
prouver un droit mieux fondé que l'est celui
du possesseur.

§ 49.

Que la prescription n'est pas du droit des gens positif.

Les puissances de l'Europe provoquent,
il est vrai, assés souvent à la prescription;
elles semblent même en reconnoitre la
force en ayant recours aux protestations
pour conserver leurs droits.   Cependant 1)
bien souvent ces mêmes puissances se refu‑
sent de la reconnoitre dans d'autres occa‑
sions, 2) quelques fois aussi elles enten‑
dent par prescription *l'extinction d'un droit
auquel on a renoncé tacitement par des
actions qui prouvent le consentement;* 3) les
protestations sont souvent employées com‑
me un moyen de sureté de plus, pour
conserver un droit qu'on ne croiroit pas
perdre sans cela, & 4) les protestations sont
quelque fois essentielles pour prévenir que
dans la suite l'on ne puisse regarder com‑
me preuve de leur consentement tacite de
certaines actions qu'on prevoit ne pouvoir
s'empêcher d'entreprendre.

Et

Et comme d'ailleurs aucune convention, ſoit générale, ſoit particuliere, aucun uſage même, n'a déterminé le tems néceſſaire pour pouvoir preſcrire; la preſcription proprement dite n'eſt pas à conſidérer comme une ſource du droit poſitif des puiſſances ſouveraines de l'Europe.

Quant aux états mi-ſouverains il y en a *a)* dont le législateur commun a réglé par des loix la force & les points requis de la preſcription; ceux-ci doivent donc la reconnoitre dans leurs diſputes mutuelles.

a) Tels ſont les états de l'Empire qui aſſujettis aux loix générales de l'Empire ſont obligés de reconnoitre la preſcription dans leurs affaires entre eux; mais non dans leurs affaires avec des puiſſances étrangères. PÜTTER *Beitrüge zu dem Teutſchen Staatsrecht* T. I. p. 297.

LIVRE III.

De la conſtitution interne de l'état dans ſon rapport aux puiſſances étrangères et à leurs ſujets.

CHAPITRE I.
Du droit de la nation relativement à ſon territoire.

§ 50.
I. *De la propriété de la nation ſur ſon territoire.*

Dès qu'une nation a pris poſſeſſion d'un territoire par le droit du premier occupant, & qu'elle a le deſſein de s'y établir pour toujours, elle devient tellement propriétaire du territoire et de tout ce qui s'y trouve, qu'elle a droit d'en exclure toutes les autres nations, d'en faire uſage & d'en diſpoſer ſuivant qu'elle le juge à propos, pourvu que toute fois elle ne bleſſe pas les droits

droits des étrangers. C'est donc elle qui fait
la distribution des biens. Ce qui dans cette
distribution n'est pas cédé à la propriété
des particuliers ou ce qui cesse de leur appartenir, reste, ou retombe entre les mains
de la société entiere, ou de celui auquel
elle a conféré le droit de l'acquérir, sans
que toutefois un étranger puisse y prétendre. Le cas est très-peu changé, à prendre la chose à la rigueur, lorsqu'une nation
par le droit d'une guerre légitime vient s'
emparer du territoire d'une autre & que
celle-ci le lui cède par la paix.

§ 51.

II. *De l'empire de la nation sur le
territoire.*

De plus c'est à une telle *nation* seule
à se déterminer si elle veut sacrifier une
partie de son egalité, & de sa liberté naturelle, & reconnoitre au dessus d'elle un
pouvoir souverain, en lui confiant l'*empire*
sur toutes les personnes, sur toutes les choses qui se trouvent dans le territoire tant
sur celles, qui appartiennent en propre aux
particuliers, que sur celles qui sont à l'état.
Et supposé qu'elle veuille entrer dans une
telle société & former un *état*, c'est à elle
à régler tout ce qui est relatif à la constitution

tution de l'état, tant ce qui regarde la conftitution de l'état en général, que ce qui
concerne les différentes parties de l'adminiftration publique.

CHAPITRE II.

*Des droits et obligations relativement à
la conftitution interne de chaque état
en général.*

§ 52.
*Chaque état eft le maitre de fa
conftitution.*

La conftitution interne d'un état repofe en
général fur ces deux points; 1) fur la détermination de la perfonne phyfique ou morale entre les mains de laquelle la puiffance fouveraine fe trouve remife tant pour
le préfent que dans les cas futurs. 2) fur
la détermination de la maniere de la quelle
cette puiffance fera exercée. L'un et l'autre de ces points dépendent de la volonté
de chaque état fans que dans la régle les
puiffances étrangères ayent droit de fe mêler de ces arrangemens abfolument domeftiques. Cette régle fouffre cependant des
exce-

exceptions légitimes, fi dans le cas où il s'
élève des difputes à l'égard de l'une ou de
l'autre de ces queftions une puiffance étrangère ou fe borne, 1) à offrir fes bons offices & à les interpofer quand on les accpte,
ou fi 2) elle eft appellée au fecours par
celle des deux parties qui a le bon droit
de fon côté, ou fi 3) elle a acquis à titre
particulier un droit de fe mèler de ces affaires; ou bien 4) fi fa propre confervation
exige qu'elle y prenne part & qu'alors elle
l'emporte dans le cas de collifion fur fes
obligations envers les autres. Ces exceptions & furtout les deux dernieres font fi
fort étendues dans la pratique des peuples
de l'Europe, qu'il ne s'élève pas aifément
une difpute importante de ce genre dans
laquelle les puiffances étrangères ne trouvent un prétexte de fe mèler fi elles le
jugent à propos fans qu'elles croyent avoir
violé par là le droit des gens.

§ 53.
1) *droit relativement au choix du chef héréditaire.*

C'eft ainfi que quant à ce qui regarde
la fucceffion dans les états héréditaires non
feulement la nation feule a le droit 1) de
conférer héréditairement le gouvernement
à une famille en réglant le droit et l'ordre
de

de la fucceffion, mais auffi c'eft à elle qu'
il appartient 2) d'élire un nouveau chef
lorsque la fouche, qui d'après les loix du
pays eft capable de fuccéder vient à s'é-
teindre entierement, & 3) lorsqu'il s'éleve
des difputes entre plufieurs prétendans au
gouvernement, c'eft au peuple ou à ceux
auxquels il en a confié le droit *a*) de choifir
à qui d'entre eux il veut obéir, tandis qu'
accidentellement le droit d'élection eft re-
tourné entre fes mains *b*). Cependant en
parcourrant l'hiftoire furtout des derniers
fiécles, on voit que les difputes touchant
la fucceffion dans les grands états fe terminent plutôt au gré de la volonté des puiffances étrangères, et par des traités *c*),
que par la volonté de la nation du fort de
laquelle il s'agit; de forte que le fuffrage
de celle-ci n'entre quelque fois pour rien ou
pour peu de chofe dans la décifion de ce qui
fe fera chés elle. Tantôt c'eft le propre
droit de tel prince étranger, tantôt le foin
de maintenir le repos et la fureté générale,
tantôt ce font les traités, les alliances avec
le peuple, ou avec un des prétendans, tantôt l'amitié et le bon voifinage qui fervent
de prétexte plus ou moins fondé aux pref-
fantes interceffions des étrangers. Du
moins l'autorité que les Papes s'arrogerent
autre fois fous différens prétextes de décider

der des queftions de ce genre, & de difpofer des couronnes, eft moins redoutable
aujourdhui, même à ces peuples qui vivent
encore dans le fein de l'églife Romaine.

a) C'eft ainfi qu'en Portugal les états
du royaume fe font expreflément refervé le
droit de décider cette forte de différens.
Voyés l'arrêté de la diéte de *Lamego* et la
déclaration des trois états du Royaume de
l'an. 1641. chés Mr. DU MONT T. VI. P. I.
p. 202.

b) V. BÖHMER *principia iuris publ. vni-
verf.* L. III. c. 4. § 20. L'avantage de la poffeffion *naturelle* (de fait) du throne, qu'un
des prétendans auroit remporté fur l'autre
n'oblige pas le peuple à lui obéir mais elle
peut l'y engager. Voyés les notes de Mr
BARBEYRAC fur l'ouvrage de PUFFENDORF
L. VII. c. 7. § 15. et fur celui de GROTIUS
L. II. c. 7. § 27. not. 4.

c) C'eft ainfi que par des traités avec des
puiffances étrangères on difpofa de la fucceffion d'Efpagne, d'abord par les traités de partage, enfuite définitivement par les traités
de 1713. 1714, du royaume de Sicile et de
Sardaigne par les traités de 1718 et 1735. de
la fucceffion dans les états de l'Autriche par le
traité de 1748. et de celle en Baviere par le
traité. de 1779.

§ 54.

a) *droit d'élection dans les états électifs.*

Dans les royaumes électifs toutes les
fois que le throne vient à vaquer c'eft au
peuple

peuple ou à ceux qui le repréſentent qu'a-
partient le droit d'élire ; et les princes étrangers en ſe bornant à recommender tout au
plus à l'amiable quelque prince éligible,
ou de diſſuader de l'élection de tel autre,
doivent du reſte s'abſtenir de ſe mêler des
affaires de l'élection contre le gré de la
nation ; moins encore ſe ſervir de la force
pour avancer quelqu'un, ou pour l'exclure *a*),
à moins que quelque titre particulier ou le
ſoin de leur propre conſervation leur donne un droit fondé de s'oppoſer à ſon élection. Mais outre que dans la pratique
moderne ces exceptions ſont pouſſées aſſés
loin *b*), il y a relativement à l'élection dans
les grandes monarchies électives de l'Europe quelques droits reçus par l'uſage qu'il
ſera à propos de rapporter ici.

a) von JUSTI *ob die proteſtationes der
auswärtigen Monarchen wider eine auf die
Wahl gebrachte Perſon zu Beherrſchung eines Wahlreichs in dem Natur- und Völkerrecht einigen Grund habe.* Voyés ſes *hiſt. und
juriſtiſche Schriften* T. I. p. 185.

b) On ſait quelle eſt la part que quelques puiſſances étrangères ſe ſont permis de
prendre particulieremant à l'élection de l'Empereur Charles VII. de François 1. et de presque tous les rois de Pologne depuis que ce
royaume eſt électif.

§ 55.

§ 55.
Quant à l'Empereur R.

D'abord quant à l'élection d'un Roi ou d'un Empereur des Romains, élection dont la liberté a été fermement défendue par les électeurs contre les aſſauts des Papes, on ne ſauroit à la verité ranger au nombre du droit des puiſſances étrangères celui qu'ont les Rois de Hongrie, de Pruſſe, & de la Grande Bretagne, de concourir à l'élection en qualité d'électeurs de Bohème, de Brandenbourg, & de Bronſwic-Lunebourg. Mais on peut regarder comme affaire d'uſage que tandis que d'après la teneur de la bulle d'or tous les étrangers étoient exclus de la ville deſtinée à l'élection, durant tout le tems des négociations, l'on ait admis inſenſiblement depuis le tems de Maximilien II. *a*) même les miniſtres des puiſſances étrangères, de ſorte qu' on ne les fait ſortir aujourdhui que le jour de la cérémonie de l'élection. Aucun d' eux cependant n'a un droit parfait d'y paroitre (moins encore d'aſſiſter aux conférences), pas même celui de France & de Suéde, tant que leurs ſouverains n'y ſont pas appellés comme garans de la paix de Weſtphalie. Moins encore le nonce du Pape peut-il demander ici quelque prérogative.

F   *a*) Bu-

a) Buder *de legatis principum extero-*
rum ad electionem Imperatoris voyés ſes ob-
ſeruat. iuris n. 1. p. 23.

§ 56.
Quant au Pape.

Enſuite quant à l'élection du Pape qui
depuis le tems d'Alexandre III. a paſſée des
mains du clergé & du peuple entre celles
des Cardinaux *a*) les Empereurs Romains *b*)
après avoir renoncé 1122. à l'inveſtiture par
l'anneau et la croſſe & après avoir ceſſé
de confirmer l'élection faite, n'ont presque
plus aucun droit particulier à cet égard, ſi
ce n'eſt la protection qu'ils accordent, en
qualité d'*avoyers* de l'égliſe Romaine, au
Collège des Cardinaux durant l'élection.
Mais d'abord les grands états catholiques
Romains & nommément l'Empereur, la
France, l'Eſpagne *c*) ſont dans la poſſeſſion
du droit de donner une fois une excluſive
à quelque candidat propoſé pour être élu.
Droit qu'envain quelques Docteurs du Droit
Canon voudroient ne pas regarder comme
obligatoire *d*).   Outre cela l'Empereur,
l'Eſpagne, la Hongrie, la Pologne, la Sardaigne, le Portugal ont le droit de nommer, & la république de Veniſe *e*) a le
droit de préſenter au Pape quelques candi-
dats pour obtenir pour eux le chapeau de
Cardi-

Cardinal. Droit fondé fur l'ufage, mais de l'étendue duquel on a difputé plus d'une fois avec le Pape *f*). Du reste ceux qui ont été fait Cardinaux à la nomination de quelque fouverain n'ont jamais été élus Papes *g*).

a) Chap. 6 X. *de electione.* Chap. 3. *de elect.* in 6to.

b) EVERH. OTTO *de iure Imperat. circa electionem Pontificis Rom.* cap. 1.

c) MOSER *Staatsrecht* T. III. p. 559 fq.

d) HAEBERLIN *Rom. Conclave* p. 153.

e) HAEBERLIN l. c. p. 125.

f) Voyés entre autres la lettre de l'Empereur au Pape de l'an. 1690. MOSER *Staatsrecht* T. IV. p. 8.

g) Quelques uns prétendent même que de tels Cardinaux ne font pas *papables* du tout ayant *"il peccato originale"* voyés ROUSSET *fupplément au corps diplomatique* T. V. p. 4. HAEBERLIN *Römifches Conclave* p. 151.

§ 57.
De l'élection du Roi de Pologne.

Quelle que foit l'influence que plufieurs cours étrangères ont eue fur l'élection des Rois de Pologne depuis que cet état eft devenu électif, c'eft moins au droit des gens qu'à la politique à en expliquer la caufe. Aucune des puiffances de l'Europe n'a un

F 2   droit

droit acquis de fe mêler de l'élection du
chef de ce royaume, fi ce n'eft celles qui
ont garanti la nouvelle conftitution *a*),
encore doivent elles garder les bornes pre-
fcrites à toute garantie.

a) Moser *Verfuch* T. VI. p. 353 et fuiv.

§ 58.
De la notification de l'avènement au throne.

Lors de l'avènement de quelque Prince
au throne foit à titre de fucceffion, foit
par l'élection, il eft d'ufage qu'il en faffe
la notification à tous les états étrangers avec
lesquels il eft en quelque liaifon; on le
reconnoitroit même difficilement fans cela,
& c'eft ce qui oblige de conferver un ufage
qui n'eft pas obligatoire par lui même *a*),
mais qui fe pratique même entre ennemis. *b*)
On y répond par des félicitations. L'un
& l'autre fe fait ou fimplement par écrit,
par courier, ou par le miniftre ordinaire,
ou par une ambaffade extraordinaire d'une ou
de plufieurs perfonnes. Entre égaux on tâche
d'obferver une égalité du cérémonial à cet
égard; cependant tout dépend des ufages
particuliers de chaque cour vis à vis de l'
autre *c*). On a vu fouvent refufer de recevoir la notification ou la félicitation *d*)
quand on fe croyoit en droit de la demander d'une façon plus diftinguée.

a) Il

a) Il n'y a que le Pape qui croit avoir un droit parfait d'exiger de tous les Princes catholiques des ambaſſades de notification connues ſous le nom d'ambaſſades d'obédience. voyés BUDER *de legatis obedientiae Romam miſſis* chap. I. II.

b) C'eſt ainſi que p. e. durant la guerre entre la Ruſſie et la Suéde, la Reine de Suéde fit notifier 1719 ſon avènement au Throne à Pierre I., et que celui-ci y répondit par un compliment de félicitation.

c) C'eſt ainſi que p. e. les Provinces unies félicitent le Roi de la Grande Bretagne par une Ambaſſade de trois miniſtres voyés *Mémoires* D'AVAUX T. IV. p. 284. La république de Veniſe envoye une Ambaſſade de deux perſonnes pour féliciter quelques têtes couronnées. v. MOSER *Verſuch* T. III. p. 101. *Beiträge z. G. R.* p. 36.

d) Voyés ce qui eſt arrivé ſur ce point entre le Roi de Sardaigne et la république de Veniſe 1774. MOSER *Verſuch* T. III. p. 71. *Beiträge z. G. R.* p. 36 et ſuiv.

§ 59.

Obligation de reconnoitre le ſouverain élu.

Les puiſſances étrangères ne ſauroient refuſer de reconnoitre comme ſouverain celui qui leur notifie ſon élection, dès que la nation elle même reconnoit cette élection pour légitime, & ce n'eſt pas aux étrangers à rechercher ſi elle a été faite d'après les loix du pays *a*). Mais tant que les ſen-

timens

timens de la nation font partagés fur ce
fujet, on ne peut refufer aux étrangers la
liberté de fuivre l'opinion de ceux qu'ils
jugent avoir le bon droit de leur côté.

a) Cependant la France refufa jusqu'à
la paix d'Aix la Chapelle de reconnoître François I. comme Empereur, lors même que
tous les électeurs avoient acquiefcé fucceffivement à cette élection.

§ 60.
*Des droits des étrangers relativement à
la forme du gouvernement.*

Libre dans le choix de fon chef la nation ne l'eft pas moins dans la fixation
de l'étendue des droits qu'elle veut lui accorder. Toutes les fois qu'elle eft d'accord avec le fouverain elle peut même
dans la fuite aporter à la conftitution tels
changemens qu'elle juge à propos foit pour
étendre foit pour reftreindre l'autorité du
fouverain, fans qu'une puiffance étrangère
puiffe s'y oppofer. Et lors même qu'il s'
éleve des difputes à cet égard dans l'intérieur du royaume aucun état étranger n'a
dans la régle, le droit de fe mêler de ces
affaires domeftiques *a*). Cependant l'amitié et le bon voifinage peuvent l'engager
à interpofer fes bons offices, il fe peut
même qu'il foit appellé au fecours par l'
un

un des deux partis, & qu'en vertu d'un
traité il soit obligé à s'y prêter *b*); enfin
il se peut que sa propre conservation ou
un droit acquis à titre *c*) particulier lui
fournisse un juste motif à se mêler effica-
cément de ces disputes *d*). Du reste on
ne justifiera jamais par les principes du
droit des gens, qu'une puissance étrangère
force un état à changer de constitution,
qu'elle se serve de voyes sourdes pour
troubler le repos d'un état qui vit en paix
au dedans & au dehors, dans le but d'al-
térer la forme de son gouvernement.

a) Aussi l'histoire fournit-elle des exemples d'importantes révolutions qui ont eu
lieu sans que les puissances étrangères y
ayent pris part publiquement p. e. les révolutions à Venise 1298, en Danemarc 1660,
en Suéde 1772. etc.

b) Tel que la France et la Suéde en qualité de garans de la paix de Westphalie, les
cours Impériales, et la Prusse relativement à
la constitution de la Pologne; la France, la
Sardaigne, la république de Berne comme garans de la pacification de Genève 1781.

c) p. e. si une puissance en cédant une
province s'est fait promettre qu'elle garderoit
sa constitution et ses privileges comme le fit
la Suéde en cédant plusieurs provinces à la
Russie 1721. 1743.

d) Moser *Abhandlungen verschiedener
Rechtsmaterien* St. 1-4.

F 4 § 61.

§ 61.

Des révoltes.

Enfin fuppofé que les troubles élevés dans
l'intérieur d'un état foient pouffés jusqu'à une
rupture ouverte entre le fouverain & les
fujets, de forte que la nation entiere ou
bien une partie des fujets prétendent obliger le fouverain à quiter le thrône, ou
qu'une province foumife à un autre royaume en lui refufant l'obéiffance tâche de
fe rendre indépendante, il y a deux points
qu'on doit féparer en jugeant de la conduite que les puiffances étrangères font
en droit de tenir; 1) La conduite à tenir envers l'ancien, ou envers le nouveau fouverain, ou envers la nation qui après s'être
foulevée fe déclare indépendante. 2) Le
fecours à prêter à l'un des deux partis. Une
nation étrangère n'étant pas tenue de prendre part à ces révolutions femble ne pas
violer fes obligations parfaites ni s'écarter
des bornes de la neutralité, fi s'attachant
à la poffeffion dont elle n'eft pas obligée
d'examiner les titres, elle traite comme
fouverain celui qui occupe le thrône, &
comme indépendans ceux qui fe font mis
en liberté, tant qu'ils favent conferver
leur indépendence. Cependant la partie
oppofée ne manque pas de fe plaindre de
ce procedé, tant qu'elle n'a pas elle-même
encore

encore reconnu par un traité la juſtice de
cette poſſeſſion *a*). S'agit-il du ſecours
à prêter en effet à l'un ou à l'autre des
deux partis, après qu'une fois l'obéiſſance
a été formellement refuſée, & qu'on s'eſt
mis dans la poſſeſſion de la liberté qu'on
reclame, il eſt de ces ſortes de diſputes
comme de celles qui s'élevent entre deux
états indépendans; & par conſéquent il eſt
permis de prêter ſecours à celui qui a le
bon droit de ſon côté, qu'on y ſoit obligé
ou non par des traités faits avec le ſouverain ou avec le peuple, pourvu qu'on n'ait
pas promis la neutralité; il n'eſt pas permis au contraire d'épouſer une cauſe injuſte;
comme donc il eſt impoſſible que l'opinion
des deux partis ne différe dans le jugement
de la juſtice de la cauſe, il eſt impoſſible
auſſi que la puiſſance contre laquelle ce
ſecours eſt prêté ne conſidere ce procédé
comme une rupture de neutralité, & comme une injure. Dans le fait, ſoit qu'il
s'agiſſe de la conduite tenue dans ces cir-
conſtances ſoit qu'on parle du ſecours prêté
à la partie adverſe par une puiſſance étrangère c'eſt la politique ordinairement qui
décide ſi celui qui s'en trouve offenſé diſſi-
mule l'injure, ou s'il ſe contente de s'en
plaindre, ou bien s'il en vient à des voyes
de fait & même à la guerre *b*). Enfin

lors-

lorsque la nation, ou le Prince des droits desquels il s'agit, reconnoiffent expreffé-ment ou tacitement l'indépendance de l'é-tat, qui leur étoit foumis, ou que le Prince renonce au thrône qu'il occupoit, les puif-fances étrangères n'ont plus de droit de s'y oppofer, & on n'a pas même befoin de leur aveu *c*).

a) ACHENWALL *de iure in aemulum regni vulgo Praetendentem,* Marb. 1747. a. v. STECK *von Erkennung der Unabhängigkeit einer Na-tion.* voyés les *Verfuche* 1783. n. 8. p. 49 et fuiv.   GUNTHER *Europäifches Völkerrecht,* T. I. p. 78.

b) La conduite que la Grande Bretagne a tenu furtout vis à vis de la France de l'Efpagne et du Pape après la révolution de l'an. 1688. en fuite celle qu'elle a tenue en-vers plufieurs puiffances après que les Colo-nies de l'Amérique s'étoient declarées indé-pendantes peut fervir à illuftrer cette matiere.

c) DE STECK dans l'ouvrage cité p. 49.

CHAPI-

CHAPITRE III.

Des différens droits de souveraineté qui touchent le gouvernement interne et de l'effet de ces droits par rapport aux Puissances étrangères et à leurs sujets.

§ 62.

Division des droits de souveraineté.

Tous les actes de souveraineté tendent vers un seul & même but; celui du bien de l'état; cependant rien n'empêche de distinguer les différens moyens dont le souverain peut se servir pour y parvenir; & de les considérer comme autant de droits particuliers réunis entre les mains de la puissance suprême. C'est ainsi qu'on a lieu de distinguer ceux qui touchent le gouvernement interne des droits qui concernent le gouvernement externe de l'état dans son rapport avec les étrangers, & de séparer à l'égard des premiers les diverses parties du pouvoir législatif des différentes branches du pouvoir exécutif &c. En général tous ces droits relatifs au gouvernement interne 1) appartiennent pleinement au souverain

&

& s'étendent fur toutes les perfonnes, fur
toutes les chofes qui fe trouvent dans l'enceinte du territoire; mais 2) ils ne fauroient
auffi s'étendre plus loin; de forte que non
feulement un fouverain n'a pour l'ordinaire
aucun droit d'exercer quelque acte de fouveraineté fur un territoire étranger, mais qu'encore ce qu'il a fait chés lui ne produit à la rigueur aucun effet auprès de l'
étranger.   Cependant en examinant les
chofes telles qu'elles font aujourdhui en
Europe, on peut obferver que par des traités & par l'ufage 1) les puiffances étrangères font en droit de demander pour leurs
fujets qui vont chés l'étranger ou qui ont
à faire avec les fujets étrangers bien des
points qu'à la rigueur le fouverain ne feroit
pas obligé de fouffrir, ou d'omettre, ou
de faire en leur faveur; 2) que ce que le
fouverain a ftatué chés lui produit dans
bien des cas quelque effet chés l'étranger
au quel à la rigueur on ne pourroit pas
prétendre. Ces droits réciproques que les
fouverains & leurs fujets ont fur les fouverains & les fujets des puiffances étrangères
approchent de la nature des fervitudes de
droit public *a*) & rien n'empêche de fe fervir de ce terme pourvu que 1) l'on n'oublie
pas que plufieurs de ces droits ne font que
droits *imparfaits* & que 2) l'on ne con-
fonde

fonde pas ces fervitudes générales & réciproques avec les fervitudes particulieres de
quelque état, dont il fera parlé plus bas
(§ 94.)

Pour obferver quels font ces droits réciproques il faut examiner les principales
parties de la fouveraineté qui touchent le
gouvernement interne.

a) Engelbrecht *de feruitutibus iuris
publici Sect. I.*

§ 63.

De l'infpection fuprème et de la Police.

Le fouverain à la rigueur eft en droit
de défendre à tous les étrangers l'entrée &
le paffage par fes dominations, foit par
terre foit par mer, lors même que ce paffage ne feroit pas nuifible à l'état *a*); il
pourroit à plus forte raifon ne l'accorder
qu'en vertu d'une permiffion particulière.
Cependant aujourdhui non feulement aucune nation en Europe ne refufe en tems
de paix cette permiffion aux fujets de telle
ou telle autre nation, mais il n'eft pas
même néceffaire de la demander ou de
rechercher des paffeports du fouverain chés
lequel on veut aller & y transporter des
biens; & c'eft ainfi que la liberté de l'entrée & du paffage peut être confiderée
comme généralement établie *b*) entre les
puiffan-

puiſſances de l'Europe.   Elle l'eſt plus particulierement encore entre les états de l'Allemagne entre eux *c*).   Toutefois cette liberté de l'entrée & du paſſage devant ne
pas ètre nuiſible à l'état, chaque puiſſance
a conſervé le droit 1) de s'informer du
nom *d*) & des qualités de l'étranger qui
arrive.   C'eſt à quoi ſervent ſurtout les
paſſeports *e*) du lieu d'où ils viennent aux
quels on doit préalablement ajouter foi
pourvu qu'ils ayent été dreſſés par des perſonnes qui en ont l'autorité, tel que les
ſouverains, les magiſtrats, les miniſtres
étrangers jusqu'à un certain point &c.   2)
chaque état a le droit d'éloigner ceux qui lui
ſemblent ſuſpects & 3) de défendre l'entrée à de certaines claſſes d'étrangers ou
celle de certaines marchandiſes, ſoit pour
toujours ſoit pour quelque tems, ſi les cir-
conſtances l'exigent.   4) La liberté du paſſage ne s'étend que ſur des individus; un
nombre de gens armés *f*) au contraire
avant que d'entrer dans le territoire, doit
encore aujourdhui demander une permiſſion
particuliere de l'état, avant d'y entrer; ce
qui a également lieu pour les vaiſſeaux de
guerre qui voudroient entrer dans le port
ou paſſer ſous le canon d'une fortereſſe,
à moins que dans les traités *g*) on n'ait
accordé cette permiſſion par avance.

$\qquad\qquad\qquad\qquad$ *a*) G.

a) G. L. Böhmer *de iure principis liber-tatem commerciorum reftringendi* § 16 et fuiv.

b) Soit par des traités, ce qui arrive furtout dans les traités de paix, foit fimple-ment par l'ufage.

c) Par la paix de Weftphalie Art. 9. §2.

d) Sur le droit de voyager incognito vo-yés Mr. Moser *Verfuch* Tom. VI. p. 44.

e) J. C. Langius (J. G. Textor) *de lit-teris comeatus.* Heidelb. 1679. J. W. Engel-brecht *de iure peregrinantium*, Helmft. 1711. 4.

f) C'eft ainfi que pour le transport ar-mé des criminela, des recrues, et à plus forte raifon d'un corps de trouppes il faut requérir la permiffion de l'état. Souvent la néceffité de demander une telle permiffion a été ex-preffément mentionnée dans les traités p. e. dans la trève entre l'Efpagne et la Hollande 1609. art. 10. dans le traité entre l'Angleterre et les provinces unies de 1667. art. 3. 4. d. l. t. entre le Portugal et l'Efpagne 1715. art. 19. etc.

g) Les puiffances maritimes ont fouvent fait des traités pour fixer le nombre des vaif-feaux de guerre qui pourront entrer ou paffer fans permiffion fpéciale. Ce nombre varie de beaucoup; dans le traité entre le Dane-marc et la république de Gênes 1756. art. XI. il eft fixe à 3. (ce qui eft affés fréquent) dans celui qui fe fit entre l'Angleterre et l'Efpagne en 1667. art. 16. il eft fixé à 8. etc. L'hu-manité excepte généralement les cas de né-ceffité urgente.

§ 64.

§ 64.
Continuation.

Le droit d'infpection fuprème du fouverain s'étendant fur toutes les perfonnes
& fur toutes les chofes qui fe trouvent dans
le territoire, l'étranger y eft foumis aufli
bien que le fujet né de l'état, en exceptant
feulement ceux qui jouiffent du droit d'
exterritorialité & qui par conféquent ne
font pas cenfés être fujets temporaires de
l'état.

Tous les établiffemens publics auxquels
les fujets pourroient prendre part intereffant
en certain point l'état, le fouverain eft en
droit de s'en informer, & de ne fouffrir
que ceux qu'il juge convenir à l'état. Il
eft donc aufli peu permis aux étrangers
qu'aux fujets d'entreprendre p. e. des Lotte-
ries, des Collectes des Sociétés marchandes
publiques &c. fans en avoir obtenu la permiffion; & de même le fouverain peut
défendre à fes fujets de s'intereffer à de
femblables établiffemens qui ont lieu chés
l'étranger a).

a) Si quelque fois des petits états ne fe
permettent pas de faire directement de telles
défenfes, c'eft l'effet de la politique que leur
faibleffe rend néceffaire. Le droit en eft in-
conteftable, et les grands états l'exercent
tous les jours. C'eft ainfi p. e. que les provinces

vinces unies ont défendu à leurs sujets de
s'intereffer en quelque façon que ce foit à
quelque compagnie étrangère pour le commerce des Indes. Voyés ROUSSET *fupplement.* T. II. c. II. p. 409. Comparés ceci
avec ce qui fe fit à Hambourg 1720. voyés
LANGENBECK *Schiff - und Seerecht fuppl. 6.*
adjoint let. A. p. 424.

§ 65.
Police.

Le foin d'empêcher ce qui pourroit
troubler le repos & la fureté interne de
l'état en général qui eft la bafe du droit
de *Police,* autorife le fouverain à faire les
loix, les recherches, & les établiffemens
néceffaires pour cette fin. Et tandis que
tout étranger doit concourir à ce but ceux
même qui jouiffent de l'exterritorialité, tels
que les fouverains & les miniftres étrangers,
ne peuvent pas fe difpenfer d'obferver ces
loix *a*) bien que dans le cas de transgreffion
l'on ne puiffe pas les punir comme on le
pourroit à l'égard des fujets nés, ou temporaires de l'état.

a) Il peut cependant être douteux quelque fois jufqu'à quel point un miniftre eft
obligé de fe foumettre à une loi de police
qui a quelque rapport avec fa fonction mini-
fterlale. Voyés un exemple remarquable dans
les mémoires du comte d'ESTRADES T. II.
p. 445.

§ 66.

Soins pour l'honneur des étrangers.

Parmi une infinité de points dont la
police de l'état doit s'occuper on peut ranger aussi le soin de veiller à ce qu'on ne
fasse ni ne publie rien dans l'état qui soit
injurieux à quelque état étranger soit à la
personne du souverain, soit même à ses
sujets ; aussi les Puissances de l'Europe re-
connoissent-elles cette obligation *a*).   Les
étrangers ne peuvent cependant rien demander de plus que ce que la constitution
de l'état permettroit de faire si le cas tou-
choit le souverain de l'état ou ses propres
sujets *b*).   D'ailleurs on ne doit point confondre la liberté d'un jugement politique
avec la licence d'un libelle qui blesse immédiatement le respect dû aux souverains,
ou les égards qui peuvent être dûs à des
particuliers.

a) Voyés p. e. *Merc. hist. et pol.* 1748.
T. II. p. 157.   MOSER *Versuch* T. I. p. 292
et suiv. T. VIII. p. 39.   ADELUNG *Staatshistorie* P. III. T. I. p. 236.

b) Voyés la réponse de l'Angleterre relativement à la satisfaction que la France de-
mandoit à l'occasion du Procès de Mr. (Mlle)
d'Eon MOSER *Beitrâge* T. III. p. 284.

§ 67.

§ 67.
Défenſe de ſortir de l'état.

Un des ſoins particuliers de la Police c'eſt celui d'empêcher qu'un trop grand nombre de ſujets ne s'expatrient. C'eſt au droit public univerſel *a*) & particulier *b*) à déterminer jusqu'à quel point il eſt permis au ſouverain de reſtreindre la liberté naturelle de ſes ſujets, qui voudroient ou s'abſenter pour longtems de l'état, ou s'expatrier entierement. Un étranger tant qu' il conſerve cette qualité & qu'il n'a point fait de dettes, ni commis de crimes, eſt entierement libre de ſe retirer de l'état dès qu'il le juge apropos, & il n'y a que le cas de colliſion, celui des repreſſailles ou de la guerre qui peuvent autoriſer un état de retenir pour quelque tems un tel étranger contre ſon gré. Cette liberté fondée dans le droit des gens univerſel eſt confirmée & même étendue encore par nombre de traités *c*); auſſi eſt-il rare qu'on y voye manquer. Mais un étranger naturaliſé *d*) dans les formes ou par le fait, n'a pas plus de droit que ceux qui ſont nés ſujets de l'état, à moins qu'il n'ait fait des conditions *e*) tacites ou expreſſes.

a) GROTIUS *du droit de la G. et d.l.P.* L. II. c. 5. § 25. PUFFENDORF *droit de la N. L.* VIII. c. II. § 2.

G 2   *b*) Vo-

b) Voyés par rapport à l'Allemagne la Paix de W. art. 5. § 36. et J. J. Moser *Landeshoheit in Policeyfachen* chap. 6. § 5. E. Leth *commentatio de iure emigrandi ex vno territorio in aliud Germaniae,* Gott. 1788. 4.

c) Presque tous les traités de commerce contiennent des articles qui fe rapportent à ce point, et dans la plupart des traités l'on a afluré aux étrangers la liberté de fe retirer de l'état même dans le cas d'une rupture.

d) Voyés fur l'effet d'une telle naturalifation Mr. Moser *Verfuch* T. VI. p. 8.

e) Les difputes qui ont eu lieu entre la France et la Hollande lors de la révocation de l'Edit de Nantes, peuvent fervir ici d'un exemple inftructif; voyés les *Mémoires du comte* D'Avaux T. V. p. 169. 172. T. VI. p. 14.

§ 68.
Du pouvoir législatif.

Le droit de prefcrire des *normes* ou réglemens obligatoires aux fujets, ou le pouvoir *légiflatif* s'étend même fur les fujets temporaires de l'état.

En général tant qu'il n'y a point été fait d'exceptions en faveur ou au desavantage *a)* des étrangers ils font foumis aux loix générales du pays & leurs affaires privées font jugées d'après le droit commun. La condition privée des étrangers pourroit donc varier beaucoup lorsqu'ils paffent d'un pays à un autre, ou qu'ils font des affaires

avec

avec des étrangers. Aussi ne sauroit-on
disconvenir d'une multitude de différences
qui se presentent ici. Cependant le droit
naturel formant la base de toutes les légis-
lations de l'univers, & le droit Romain qui
lui est conforme en tant de points s'étant
acquis dans le plus grand nombre des états
de l'Europe *b*) une autorité plus ou moins
étendue, on ne doit pas être frappé de
cette ressemblance si marquée qui se trouve
dans le droit civil de la plupart des nations policées de l'Europe.

a) Autre fois la législation de différens
pays traitoit assés durement les étrangers;
quelque fois même au delà de ce que la rigueur de la loi naturelle pouvoit justifier; et
jusque dans leurs affaires privées on faisoit
des distinctions odieuses entre les étrangers
et les natifs. Voyés un exemple remarquable chés Gutschmidt *mercaturae legum au-*
xilio iuuandae ratio § 12. et Frank *Instit.*
iur. Cambialis L. II. S. 5. tit. 3. § 4. *Man-*
tisse § 4. Aujourdhui une saine politique et
surtout l'expérience que la retorsion suit de
près ces inégalités apportées à la législation,
ont contribué à mieux égaliser les droits des
étrangers et ceux des sujets.

b) Le droit Romain doit être consideré
comme droit subsidiaire en *Allemagne*, en
Suisse, en *Hollande*, en *France*, en *Italie*, en
Espagne, en *Portugal*, en *Pologne* et dans
quelques tribunaux de l'*Angleterre* ainsi qu'
en l'*Ecosse* voyés Blackstone *commentaires*

G 5   T.

Tom. I. p. 83. T. IV. p. 265. (ed. de 1768.)
GATZERT *de iure communi Angliae* à Gottingue 1765. et en général voyés ARTHUR DUCK *de vsu et autoritate iuris ciuilis Romanorum* Lib. II. D'ailleurs à quelques endroits on se sert par préférence du droit Romain dans les affaires qui concernent les étrangers, voyés DUCK Liv. II. chap. 3 et surtout il sert subsidiairement dans celles qui regardent le commerce et la navigation voyés l'ESTOCQ *Auszug der Historie des allgemeinen und Preussischen Seerechts* chap. I.

§ 69.
De l'effet des loix sur les étrangers.

Les loix du souverain n'ont proprement d'effet que dans le pays pour lequel elles ont été données. Cependant 1) celles qui se rapportent à l'état & à la condition personnelle des sujets sont reconnues même chés les étrangers (voyés § 74); 2) un étranger qui plaide contre un sujet lorsque celui-ci est le défendeur doit se laisser juger d'après les loix du pays où il plaide. 3) lorsqu'il s'agit de la validité d'un acte entrepris chés l'étranger c'est d'après les loix de ce pays étranger qu'on doit en juger *a*). 4) quelque fois les particuliers sont convenus de prendre telle ou telle loi étrangere pour régle d'après laquelle leur contrat sera jugé. Encore se peut il 5) que telle loi étrangere ait été reçue comme

comme loi subsidiaire *b*). Enfin 6) il arrive quelque fois qu'on accorde aux étrangers le privilege d'être jugé entre eux d'après les loix de leur pays.

a) FRANK *de conflictu iurium Cambialium diversorum. Mantissa Instit. iur. camb.* T. 1. 2. 3. HERTIUS *de collisione legum* voyés ses *Opuscula* Vol. I. T. I. p. 169 et suiv. H. COCCEJI *de fundata in territorio et plurium locorum concurrente potestate.*

b) Autrefois il n'étoit pas rare de voir p. e. le droit de la ville de Lubec, le droit Saxon etc. reçu comme droit subsidiaire de quelques autres états; et même aujourdhui l'on en trouve encore quelques exemples surtout entre les états de l'Allemagne, dans le droit féodal, dans celui des lettres de change etc.

c) C'est ainsi qu'un navire bien que sur une rade étrangere conserve sa jurisdiction et ses loix voyés VATTEL *droit des Gens* L. I. c. 19. § 216. De même en Europe bien des Consuls ont le droit de juger les disputes des sujets de leur souverain d'après les loix de leur pays. Voyés DE STECK *Handelsverträge* 1782. le même: *von den Consuln handelnder Nationen* dans ses *Versuche* 1772. p. 119 et suiv. et voyés plus bas le chapitre du commerce.

§ 70.
De la publication des loix.

Aucune puissance n'est tenue à la rigueur de publier chés elle des loix ou des

ordon-

ordonnances de quelque souverain étranger.
Cependant à sa requisition une telle publi-
cation se refuse difficilement aujourdhui *a*)
à moins que le contenu de la loi ne s'y
oppose.

a) Moser *Versuch* T. VIII. p. 51.

§ 71.
Priviléges.

Le droit d'accorder des priviléges peut
se considérer comme un annexe du pouvoir législatif.　Comme lui il ne s'étend
que sur les sujets en tant qu'il s'agit de l'
obligation qui répond au privilège.　Une
telle obligation ne sauroit être imposée qu'
à ceux dont on a droit de se faire obéir.
Du reste rien n'empêche de donner à des
étrangers des privilèges dont ils peuvent
jouir chés nous *a*).　D'ailleurs quelque
fois un privilege accordé dans un état peut
avoir effet sur les étrangers en ce que dans
le territoire où il a été donné les étrangers
ne peuvent rien entreprendre ni rien obtenir qui lui soit contraire.

Mais hors du territoire le souverain ne
sauroit obliger des sujets étrangers par un
privilège qu'il accorderoit.　Autrefois tant
les Papes que les Empereurs Romains *b*)
se permettoient assés souvent de donner
　　　　　　　　　　　　　　des

des privilèges chés l'étranger. Aujourdhui
le droit du premier non seulement se borne
absolument à des affaires spirituelles, mais
encore à cet égard il est assujetti presque
aux mêmes conditions que l'est son pouvoir législatif. L'Empereur n'en donne
plus de ce genre, aussi n'en a-t-il pas
plus le droit que les autres têtes couronnées.

a) Böhmer *princip. iur. publ. vniv.* p.sp;
L. II. c. 5. § 58. Moser *Versuch* T. VII.
p. 275.

b) Moser *Staatsrecht* T. I. p. 327.

§ 72.
Droit de conférer des charges.

Le souverain ne pouvant se charger en
personne de toutes les différentes parties
de l'administration il doit avoir le droit de
distribuer des charges. Il est utile aussi
qu'il soit le distributeur des honneurs &
des dignités. Il peut admettre des étrangers aux charges de l'état ou les en exclure
Il pourroit de même défendre à ses sujets
tant qu'ils veulent conserver cette qualité
d'aller servir l'étranger, soit dans le militaire soit dans le civil, sans que les puissances étrangères eussent lieu de s'en plaindre, pourvu que la défense soit générale
& qu'elle ne soit par dirigée contre un état
en particulier. Il est rare cependant que
les

les fouverains défendent entierement à ceux
de leurs fujets qui ne font pas déja au fervice de l'état, d'aller fervir l'étranger &
même de fervir dans les armées. Toutefois ceux-ci confervant encore toujours la
qualité de fujet continuent auffi à en avoir
les obligations, & l'état peut les rappeller
s'il a befoin d'eux; furtout il peut leur défendre de fervir contre l'état.

§ 73.
Du droit de conférer des dignités.

Chaque emploi emporte avec foi fa
dignité & fes honneurs que le fouverain a
voulu lui attribuer. De plus le fouverain
peut difpofer des fimples titres & des dignités *a*), & y joindre telles prérogatives per-
fonnelles qu'il juge à propos. Il eft le
maitre encore de régler chés lui la préféance
entre les fujets. Cependant toutes les dif-
pofitions que le fouverain fait relativement
aux charges, aux titres, aux dignités & à
la préféance n'ont à la rigueur aucun effet
chés l'étranger de forte que 1) aucun fouverain n'a un droit parfait de demander
que l'on attribue à fes fujets chés l'étranger
la dignité, les honneurs, & la préféance
qu'il a jugé convenable de leur accorder
chés lui; & que 2) aucun fouverain ne
peut conférer à quelqu'un qui ne lui eft
pas

pas sujet un titre ou dignité contre le gré
du souverain de celui-ci.

a) Parmi les dignités celle de la noblesse
et les différentes divisions qu'on en doit faire
dans différens pays mérite une attention particuliere. Une partie des grades que l'on
rapporte le plus communément à la noblesse
supérieure, tel que celui de duc, de marquis,
de comte, étoient originairement des charges
accompagnées de dignité; dans la suite dans
plusieurs pays ces charges sont devenues de
simples dignités.

§ 74.
De l'effet de ce droit par rapport à
l'étranger.

Cependant si l'on fait attention à ce
qui se pratique en Europe on voit 1) que
d'abord touchant les charges & les dignités
militaires à l'égard desquelles presque tous
les états chrétiens de l'Europe se sont mis
sur un pied à peu près ressemblant, aucun
souverain ne refuse de faire jouir chés lui
les étrangers du titre & de la dignité militaire, que leur souverain leur a conféré, &
de leur accorder les honneurs & la préséance qui répondent à leur grade; de sorte
même que la qualité plus ou moins relevée
du souverain qui les en a décorés n'influe
en rien sur la préséance, bien qu'elle puisse
donner lieu quelquefois à des distinctions
arbi-

arbitraires. 2) que le même point s'obferve à l'égard des charges *a*) civiles. des
fimples titres, & des fimples dignités *b*)
fi ce n'eft qu'à l'égard de la préféance il eft.
fouvent presque impoffible de procurer ex-
actement à tel étranger le même rang qu'
il a chés lui *c*) vû la différence & l'infuffi-
fance des arrangemens que les états ont
pris pour régler le rang civil; la difficulté
eft diminuée de beaucoup dans les états,
où les charges civiles font rangées fur le
pied du militaire.

4) Toutesfois les fonctions de la charge
ne peuvent s'exercer que fur des fujets et
non au préjudice du fouverain fur les étrangers hors du territoire. Il eft donc affés extraordinaire de voir qu'autrefois les notaires
créés par l'Empereur ainfi que les notaires
Apoftoliques du Pape exerçoient leurs fonctions dans les différens états de l'Europe.
Voyés DU FRESNE dans fon *gloffaire* fous le
mot *notarius*. MASCARDUS *de probationibus*
Vol. II. concl. 926. n. 19. Ce n'eft que fucceffivement que les états fe font empreffés
de réformer ces abus, en défendant entierement les fonctions des notaires Impériaux
ainfi que le fit l'Angleterre 1320. voyés RY-
MER *acta publ.* T. III. p. 829. l'Ecoffe 1469.
voyés PÜTTER *fpecim. iuris publ. medii aeui*
cap. XI. § 113. la France 1490. Voyés DU
FRESNE d. l. l. 2. Les fonctions des notaires
du Pape ont auffi été retranchées dans plufieurs états de l'Europe voyés STOEBBER *de*
notariis

notariis inventar. conficientibus, à Strasbourg
1778. p. 16.

b) Du reste on ne confondra pas la reconnoiffance d'une dignité dont il confte qu'
un fouverain étranger l'a conférée avec la
reconnoiffance des titres d'un homme dont
un autre état a bien voulu confidérer les preu-
ves comme fuffifantes. Un homme qui s'eft
dit Prince etc. étranger dans un état et qu'on
y a reconnu comme tel, n'eft pour cela pas
difpenfé de faire preuve dans un autre, et
furtout dans celui dont il prétend tenir fa
dignité. Les circonftances doivent décider
jusqu'à quel point cette reconnoiffance peut
faire naitre une préfomtion en fa faveur.

c) Celui p. e. qu'un fouverain a fait
Comte, ou qu'il a fait confeiller d'état etc.
fera reconnu comte ou confeiller d'état etc.
partout; il jouïra partout à peu près des mêmes honneurs (non pas des droits qui tiennent à la conftitution), dont il jouït chés lui
mais il ne s'enfuit pas delà qu'il foit égal à
tous ceux qui portent le même titre, ni pour
le rang, ni pour d'autres prérogatives; et l'
on fent combien il y a fouvent de difficulté
à déterminer feulement le principe qu'on doit
fuivre pour décider du rang qui lui eft dû
par rapport à d'autres. La diftance dans laquelle il fe trouve de la perfonne de fon fouverain ne peut dumoins pas toujours décider.
Le rang des fouverains ne décide pas non
plus feul. Qu'un Duc, Comte etc. régnant
doit avoir le rang fur d'autres qui ne font
que fujets, c'eft ce que la raifon, l'analogie et
l'ufage décident affés. De même qu'un homme en place doit avoir le pas fur celui qui
n'en

n'en a que le titre, mais ces décisions n'embrassent pas tous les cas douteux. Voyés sur la préséance des particuliers J. C. F. Hell-bach *meditationes iuris procedriae moderni*, Lipf. 1742. 4.

§ 75.
Continuation.

De plus quoiqu'un souverain puisse défendre à ses sujets de solliciter ou d'accepter quelque titre ou dignité d'un souverain étranger, d'abord on ne le refuse guere à des sujets qui ne sont pas encore au service de l'état, & il y a même peu d'états où l'on refuse à ceux qui sont au service de l'état de se faire décorer de quelque titre ou dignité *a)* par un souverain étranger *b)* bien que ceux-ci doivent obtenir l'agrément de leur souverain avant que de faire usage de cette prérogative.

a) C'est ainsi que les Empereurs ont conféré à une quantité d'étrangers les dignités de Princes, ou de Comtes du Saint Empire. Mais rarement, et depuis peu de tems seulement, ces dignités ont été conferées par des souverains étrangers à des Allemands, ainsi que l'observe Mr. Moser *auswärtiges Staatsrecht* p. 321.

b) Cependant la république de Venise ne permet à aucun membre du pouvoir souverain d'accepter quelque dignité étrangère. Voyés le Bret *Vorlesungen* T. I. p. 200.

En

En Pologne il n'eft pas non plus permis à la noblesse de faire ufage de quelque dignité de haute noblesse qu'elle auroit obtenue par un fouverain étranger voyés TOTZE T. II. p. 342. Plusieurs états de l'Empire se font mis fur le même pied à l'égard des titres de charges donnés par des étrangers; ils ne pourroient pas agir de même à l'égard des dignités de la noblesse, dumoins pas de celles qui font conferées par l'Empereur, bien que pour de juftes motifs ils puissent défendre à des individus d'en faire ufage. Voyés MOSER *Staatsrecht* T. V. p. 402 et fuiv.

§ 76.

Droit du fouverain fur les biens dans le territoire.

1) droit d'impots.

Les fraix qu'exige le gouvernement doivent être fournis par tous ceux qui jouissent de la protection de l'état. Lorsque les revenus des domaines ne fuffifent pas il faut lever des impots. L'étranger 1) jouissant de la protection de l'état tant qu'il y féjourne ne peut donc pas demander d'être entierement exemté d'impots. D'ailleurs 2) on peut en faire une condition de fa reception. On peut même le charger plus que le fujet né de l'état, fi les traités *a*) ne s'y oppofent. Cependant quant à ce qui concerne les impôts perfonnels il n'eft d'ufage de les demander des étranger

ger que lorsqu'ils ont fait quelque tems *b)*
leur féjour dans l'état en y établiſſant leur
habitation. Les impôts réels au contraire
attachés à la poſſeſſion des biens immeubles *c)* ou à l'entrée & la confomtion des
biens meubles, doivent être payés indiſtinctement par les étrangers auſſi bien que
par les fujets, à moins qu'ils n'en puiſſent
prouver une exemtion *d)*. A plus forte
raiſon les péages qu'on lève principalement
pour recouvrer les fraix des établiſſemens
publics, p. e. pour la furêté & pour la com-
modité des chemins pour la furêté de la
navigation &c. font levés indiſtinctement
ſur tous ceux qui profitent de ces établiſſemens.

　a) Ce point fait l'objet de la plupart des
traités de commerce et fouvent on convient
d'égaliſer réciproquement les fujets de l'étranger avec ceux du pays pour ce qui touche
les impôts.

　b) C'eſt aux loix du pays à fixer ce terme; p. e. dans ces pays-ci il eſt réglé qu'un
étranger non privilegié qui prend des cham-
bres garnies ou une maiſon, payera dès le
fecond mois de fon féjour voyés Willich
Auszug aus den Braunſchweig-Lüneburgi-
ſchen Landesverordnungen p. 67.

　c) L'ufage qui fubſiſtoit anciennement
en quelques parties de l'Allemagne de ne pas
faire contribuer l'étranger des biens immeubles qu'il poſſéde eſt deſtitué de fondement
folide.

folide, et ne s'obferve plus qu'en peu d'endroits. MYNSINGER *obferuationum Centuria*
5. obf. 22 (1615).

d) On verra dans la fuite jusqu'à quel
point cette exemtion a lieu pour les fouverains étrangers et pour leurs miniftres. Les
immunités dont jouïffent les étudians, le militaire etc. ne fe rapportent ordinairement
qu'aux impôts perfonnels.

§ 77.
2) *douanes.*

Le fouverain n'étant pas obligé de
fouffrir l'entrée & le paffage des marchandifes étrangères, il peut fe faire payer la
permiffion de l'entrée en établiffant des
douanes. Ces douanes pourroient être re-
hauffées arbitrairement fi la politique ne
s'y oppofoit, & fi dans les traités de commerce *a*) on n'en fixoit quelquefois les
bornes. D'ailleurs les états mi-fouverains
de l'Empire entre eux font encore plus
bornés à cet egard par les loix de l'Empire *b*).

Par le même principe du droit qu'a
le fouverain de mettre des conditions au
commerce des étrangers dans fes états on
peut juftifier à la rigueur le droit d'étappe *c*)
& plufieurs autres droits lucratifs à l'état,
mais préjudiciables à la liberté du commerce des étrangers. La crainte de la re-

H   torfion

torfion ou d'autres motifs de politique empêchent fouvent de s'en fervir. Les traités & les loix *d*) même en reftreignent
quelquefois l'ufage.

a) Le point des douanes fait un des articles les plus importants des traités de commerce. Mais les variations auxquelles il eft
fujet engagent quelquefois à ne former un
tarif que pour quelques années lors même
que le traité feroit fait pour plus longtems.

b) v. la Capitulat. Imp. art. 8. § 1.2.3.5.
8. 9. 11. 12. 17.

c) G. L. BÖHMER *de iure principis liber-
tatem commerciorum reftringendi* § 22. BAR-
BEYRAC dans fes notes fur PUFFENDORF L.
III. c. 3. § 6. not. *c*. voyés cependant HER-
TIUS dans fes notes fur Puffendorf.

d) C'eft ainfi que le droit d'étappe eft
affés reftreint dans l'Empire, en tant qu'il
s'agit d'en établir de nouveau ou d'étendre
celui qui fubfifte; voyés la Capitulation Imp.
art. 8. § 17. 22.

§ 78.
Droit d'Aubaine.

C'eft auffi du droit rigoureux d'exclure
tout étranger du territoire que l'on dérive
encore le Droit *d'Aubaine a*) en vertu duquel l'héritage d'un étranger qui meurt
fans laiffer de lignée dans le pays eft affi-
gné au fifc, ou au magiftrat du lieu *b*),
où il vient à décéder & les heritiers étran-

gers

gers font exclus de la fucceffion. Ce droit
inique que l'on exerçoit autrefois avec la
derniere rigueur contre tous les étrangers *c*)
furtout en France, & à fon imitation dans
presque tous les états de l'Europe, a été
affés fréquemment aboli dans la fuite par
des loix & par nombre de traités. La
France *d*) elle même ne l'exerce plus qu'envers peu d'états, & presque tous les autres
états *e*) ne s'en fervent que par la voye de
la retorfion. Quelquefois on en exemte
de certaines claffes d'étrangers, ou bien l'
on en difpenfe dans des cas particuliers, ce
qui toutefois ne peut avoir lieu qu'au préjudice du fifc, & non pas à celui d'un
tiers *f*).

a) De l'Etymologie du mot: *Aubaine,*
voyés du CANGE dans fon *etymol. vocab. Ling.
Gall.* et MENAGE *dict. etymologique* au mot
Aubain. De l'origine du droit d'Aubaine
voyés MONTESQUIEU *esprit des loix* Liv. 21.
c. 17. BONHOFER *de iure detractus.* Cap. 2.
S. 1. § 4. SCHUBAK *de Saxonum transport.
sub Car. M.* c. 4. § 5.

b) En France c'eft le roi feul qui l'exerce,
bien qu'autrefois la nobleffe le poffédoit auffi;
voyés BACQUET *du droit d'aubaine* dans fes
oeuvres T. I. P. IV. chap. 27. En Allemagne
on l'a vu exercer fréquemment par des villes,
et même par la nobleffe.

c) Les princes étrangers même n'en
étoient pas exceptés, voyés DU PUY *traité
touchant les droits du Roi* T. I. p. 975.

d) Le

d) Le catalogue des traités, lettres patentes etc. par lesquelles la France à renoncé à ce droit en faveur de bien des puissances et de presque tous les états de l'Empire se trouve chés Mr. de St. GERENS *de usu albinagii in Gallia*, Argentor. 1778. 4. SCHLÖZER *Staatsanzeigen* Heft 31. 1786. p. 293. et suiv.

e) De l'usage de ce droit en Allemagne voyés MOSER *auswärtiges Staatsrecht* p. 331.

f) PUFFENDORF *animadvers. iuris* T. I, animadv. 53.

§ 79.
Droit de détraction et d'émigration.

Au droit d'aubaine a succédé le droit plus modéré de détraction (*ius detractus*) en vertu duquel le fisc retient une partie de l'héritage qui retombe à des étrangers hors de l'état en leur permettant d'acquérir le reste. L'usage de ce droit est plus général encore, même entre les états de l' Empire & entre les villes particulieres de l'Allemagne; cependant il a déja été aboli dans nombre de traités *a)* ou bien l'on a déclaré ne vouloir s'en servir que par retorsion. Enfin la *gabelle d'émigration* se paye en bien des endroits par ceux qui, soit sujets nés de l'état soit étrangers régnicoles *b)*, quitent pour toujours l'état *c)* avec leurs biens. Plusieurs motifs semblent

en

en justifier la perception, cependant cette contribution onéreuse a été abolie dans un grand nombre d'états par des conventions particulieres ou bien elle n'est levée que par retorsion.

a) BONXHOFER *de iure detractus.*

b) A l'égard de ceux-ci on détermine ordinairement le nombre d'années qu'un étranger doit avoir demeuré dans l'état avant que de l'assujettir à cette rétribution laquelle alors perd beaucoup de sa rigueur odieuse.

c) En Allemagne ce droit s'exerce assés fréquemment, même par les villes municipales, et dans quelques pays par la noblesse sur ceux qui se retirent de leur jurisdiction. PÜTTER *institutiones iuris publ.* (1787) § 368.

§ 80.
Du pouvoir judiciaire.

Un des droits les plus essentiels entre les mains du souverain, c'est le pouvoir judiciaire. Il s'étend régulierement sur tous ceux qui sont dans le territoire, & le souverain seul en est la source. Toutefois 1) il y a des personnes que leur exterritorialité exemte de cette jurisdiction, tel que les étrangers, & leurs ministres avec leur suite; 2) le souverain accorde quelquefois à des étrangers le droit d'être jugé par leurs propres juges sous le nom de consuls, ou sous tel autre titre.

Les

Les Tribunaux de l'état étant deſtinés à remplacer les voyes de fait que l'état civil fait ceſſer pour les particuliers, les étrangers lors même qu'ils ne vivent pas dans le territoire ſont obligés de s'addreſſer à ces tribunaux pour obtenir juſtice contre les ſujets de l'état, & s'ils ſont ſujets temporaires d'y plaider même comme défendeurs. Mais de l'autre côté le ſouverain eſt auſſi parfaitement obligé de leur adminiſtrer la juſtice auſſi promtement & auſſi impartialement qu'il doit juger les cauſes de ſes propres ſujets.

Toutefois les étrangers n'ont point droit de demander des préférences, ni des tribunaux particuliers *a*). Et ſi, dans des cas ou la compétence du juge eſt hors de doute, celui-ci a jugé le procès dans les formes & qu'il n'eſt pas ſoupçonné d'avoir agi contre ſon devoir, la juſtice de la ſentence qu'il a prononcée en dernier reſſort ne peut plus être revoquée en doute par une puiſſance étrangère, dont les ſujets ne ſeroient par contens de la déciſion *b*). L'avantage réciproque des nations ſemble allés juſtifier ce principe.

Mais le déni formel de juſtice, auſſi bien qu'un delai inuſité, eſt une lézion du droit parfait. Et ſi quelque ſujet étranger

a lieu

a lieu de s'en plaindre, le fouverain qui doit le protéger, peut fe fervir non feule-ment de la retorfion, mais en général de tous les moyens que les nations ont en mains dans le cas où leurs droits parfaits font bleffés par telle autre, il peut même en venir aux repreffailles *c*) & à la guerre, pour obliger l'état qui manque à fon de-voir, de donner une fatisfaction propor-tionnée.

a) Si dans quelques endroits on a établi des tribunaux particuliers foit pour toujours foit pour de certaines époques de l'année, pour juger les caufes des étrangers, tel qu' on en voit furtout dans les grandes foires et dans les grandes villes commerçantes, cela ne fauroit être confidéré que comme l'effet de la bonne volonté du fouverain. Aucun étranger ne peut y prétendre, à moins qu'il ne puiffe fe fonder fur un traité.

b) Voyés fur ce point les écrits qui ont paru dans la difpute entre l'Angleterre et la Pruffe touchant le jugement de l'amirauté Angloife fur les prifes que les armateurs avoient faites fur des Pruffiens dans les an-nées 1745 et fuivantes. *Expofé des motifs qui ont determiné le roi de Pruffe à mettre ar-rêt fur les capitaux dûs fur la Silefie,* à la Haye 1753. 4. en Allemand *Anführung der in dem allgemeinen Völkerrecht begründeten Urfachen etc.* à Berlin 1752. 4. *The duke of Newcaftle's letter by his majefty's order to Mr. Mitchel,* Lond. 1753. traduit en François et en Allemand. *An impartial foreigner's re-marks*

*marks upon the prefent difpute between Eng-
land and Pruffia* en Angl. et Allemand. 1752.
4. On trouve un extrait de ces écrits dans
le *Mercure hift. et pol.* 1753. T. I. p. 217. et
dans Moser *Verfuch* T. VI. p. 441.

c) Voyés les difputes entre la république des provinces unies et celle de Venife
touchant l'affaire de Chomel et Jordan dans
les gazettes de Leyde 1785. v. Haussens
Staatskunde von Holland 1. Stük p. 153. 2.
Stük p. 41.

§ 81.
De l'effet des fentences civiles.

Quand il s'agit de déterminer l'effet
qu'une fentence prononcée dans un état
peut avoir chés d'autres, on doit diftinguer
deux points: l'exécution, & la validité de
la fentence. Quant au premier point,
aucun fouverain n'eft régulierement tenu
à exécuter chés lui une fentence qui a été
prononcée chés l'étranger *a*). Cependant
1) le lien particulier qui fubfifte entre plufieurs états, & en vertu duquel ils forment
un fyftème uni, ou un état compofé peut
les obliger, à exécuter réciproquement les
fentences prononcées par le juge compétant *b*). 2) Quelquefois on s'engage réciproquement par des traités à des exécutions. 3) L'amitié & l'utilité réciproque
engagent fouvent, à ne pas refufer l'exécution

cution d'une fentence prononcée par un
juge compétant, lorsque pour l'obtenir il a
fait la requifition ufitée, & qu'il s'eft of-
fert à rendre la pareille. *c*) S'agit-il au contraire de la *validité* d'une fentence prononcée dans un territoire étranger, en tant
que cette fentence 1) ne porte que fur des
objets qui étoient du reffort & de la com-
pétance du juge qui a prononcé, & que
2) elle ait été jugée d'après les loix qui
fuivant les circonflances devoient fervir de
bafe à la décifion; qu'enfin 3) le fond de
la caufe ait été jugé définitivement, aucun
juge étranger ne doit admettre un fecond
procès fur le même objet entre les mêmes
perfonnes, & la fentence a pour les parties
la même force qu'un compromis pourroit
avoir dans l'état naturel *d*).

a) J. H. BÖHMER *princip. iur. publ. vniv.*
P. fpéciale L. I. c. 4. § 6.

b) Lettre de M. v. *Beuningen* à Mr. *de
Witt* du 15. Oct. 1666.

c) Mais les fept provinces unies ne femblent pas avoir pris cet arrangement. En
Allemagne il n'y a point de loi générale qui
ordonne de telles exécutions prononcées par
quelque tribunal particulier d'un état de l'
Empire; et fi ces exécutions fe pratiquent
entre quelques états, c'eft l'effet des traités
particuliers, ou d'un fimple ufage.

H 5   *d*) Vo-

d) Voyés cependant ce qui s'eft fait dans le procès de la marquife de *Favras* contre le Rrince d'*Anhalt Schaumbourg.* Pütter *Rechtsfälle* T. III. P. I. p. 43 et fuiv. Moser *Zufätze zu feinem neuen Staatsrecht* T. II. p. 553. et dans le procès des defcendans du Prince François de *Naffau Siegen* contre la maifon de *Naffau*, voyés *Deductionsbibliothek* P. I. p. 199. 922.

§ 82.
De la jurisdiction volontaire.

Les mêmes principes ont lieu relativement à la jurisdiction; communément appellée *volontaire* en oppofition à la jurisdiction *contentieufe*. Cette jurisdiction ne peut pas non plus être exercée fur des perfonnes, ou fur des biens, fitués hors du territoire *a)*, tandisqu'au contraire dans le territoire même elle s'étend & fur les étrangers, & fur les fujèts. Mais les actes qu' un juge doué de cette jurisdiction a été autorifé d'entreprendre chés lui, font confidérés comme valables, quel que foit le pays où il s'agit d'en faire ufage *b)*.

a) Hannesen *de iurisdictione* p. 46 et fuivante.

b) C'eft ainfi que tout magiftrat ne peut conftituer des curateurs que relativement aux biens foumis à fa jurisdiction. Le magiftrat même du domicile d'un mineur ne peut pas autorifer un curateur pour l'adminiftration

tion dés biens situés chés l'étranger; à moins
que les traités ne l'y autorisent; voyés p. e.
le traité de commerce entre la France et la
Hollande de 1739. art. 37. Et de même les
lettres d'émancipation ne sauroient avoir d'
effet à l'égard des biens situés chés l'étranger. Quand il s'agit au contraire de la validité de l'acte par lequel un tel a été nommé curateur, ou par lequel le mineur a été
émancipé, cet acte est regardé comme valable
partout; et p. e. pour qu'un pleinpouvoir
donné à quelque étranger puisse faire preuve
il suffit dans le premier cas, que le curateur
produise son autorisation. et que dans le dernier le mineur prouve qu'il a été émancipé
chés lui.

§ 83.
Du pouvoir criminel.

Le but de l'état exige, que le souverain ait le droit de défendre les actions
nuisibles à la sûreté de l'état, & à celle de
ses membres; d'y attacher des peines, ensuite de faire l'enquête, de juger les crimes
& d'exécuter la sentence prononcée. L'ensemble de ces droits avec leurs annexes
forme le pouvoir criminel, lequel s'étend
sur toutes les personnes qui se trouvent
dans l'état, soit sujets, soit étrangers. De
sorte que, bien que les souverains étrangers
& leurs ministres ne soient point soumis à
la jurisdiction de l'état, on peut dumoins
se permettre contre eux les mesures néces-
saires

faires pour mettre l'état hors du danger
où leurs crimes le plongeroient. (Voyés
le chapitre des Ambaſſades.)

Le ſouverain peut donc punir les étrangers, ſoit qu'ils ayent commis un crime
dans l'état-même, ſoit qu'après l'avoir
commis chés l'étranger, il ſe refugie dans
ſon pays *a*). Dans l'un & l'autre de ces
cas, le ſouverain n'eſt pas obligé parfaitement de les renvoyer à leur domicile, ni
au lieu où ils ont commis le crime, pour
y être punis; ſuppoſé, même qu'ils euſſent
déja été condamnés avant que d'échapper.
D'après l'uſage moderne, le renvoi au lieu
où le crime a été commis s'accorde plus
facilement à la requiſition de la puiſſance
qui s'offre de rendre la pareille *b*) que celui du lieu ou le crime a été commis au
domicile où à telle autre cour de juſtice du
criminel; ce qui ne ſe fait qu'en vertu des
traités, ou bien par une déférence extraordinaire envers l'état qui en fait la requiſition *c*). Les états de l'Empire ſe trai-
tent ſur ce point en général *d*) comme les
puiſſances libres, & n'accordent ces renvois
qu'en vertu des traités dont il y a un aſſés
grand nombre, ou bien par bonne volonté
réciproque *e*).

a) G. L. Böhmer *de delictis extra terri-*
torium admiſſis, Elect. T. III. ex. 20.

b) On

b) On voit très souvent des exemples de cette sorte de renvoi. Voyés un exemple récent dans le *Hamb. Correspond.* n. 3. Beil. 1787. Mais lors même qu'un état ne refuseroit point le renvoi, il peut être douteux quelquefois à la requisition de laquelle d'entre plusieurs puisances l'on doit céder. Voyés ce qui est arrivé à Danzig relativement au Comte de la Sale. ADELUNG *Staatshistorie* T. VI. p. 303 et suiv.

c) Mr. DE VATTEL a observé que les Suisses ne refusent point ces sortes de renvois dans les cas où l'on en fait la requisition. Voyés son *droit des Gens* L. II. c. 6. § 76. voyés d'autres exemples chés MOSER *Versuch* T. IV. p. 123. T. VI. p. 428.

d) La seule exception ou ces renvois sont ordonnés par les loix, c'est celle qui est marquée dans le Recès de l'Empire de 1641. § 47. WAHL *de foro arresti privilegiato* § 25.

e) REUSS *de turibus et obligationibus specialium Rerumpubl. German. inter se in exercenda iurisdictione criminali obuiis*, Stuttgard 1787. 4.

§ 83.
Obligation d'exercer ce droit.

De l'autre côté, le souverain devant accorder la protection de l'état aux étrangers comme aux sujets, il est obligé de punir avec la même exactitude, & avec la même rigueur les crimes commis contre la personne ou les biens des étrangers qui

vivent

vivent chés lui que fi le crime fe rapportait
à un de fes fujets. Mais quant aux crimes
commis hors de fon territoire, le fouverain
n'eft pas obligé parfaitement envers la
puiffance étrangère, de punir le criminel
qui fe refugie chés lui, ni d'exécuter une
fentence criminelle prononcée contre fa
perfonne ou contre fes biens. Cependant
le bien réciproque des états femble exiger,
de ne pas laiffer impunis les crimes qui at-
taquent directement la fureté de l'état;
auffi dans le cas d'une telle requifition,
aucun Souverain ne refufe *directement a*)
de prendre connoiffance de ces fortes de
crimes *b*).

a) D'Avaux *mémoires* T. V. p. 19.
b) La queftion fur le choix de la peine
qu'on peut infliger à des criminels qui ont
commis autrepart quelque crime fe trouve
amplement difcutée dans Meister *vollftän-
dige Einleitung zur peinlichen Rechtsgelehr-
famkeit* P. III. S. I. c. 10. § 14.

§ 85.
*Qu'on ne peut pas entreprendre des actes du
pouvoir criminel chés l'étranger.*

Du refte, le pouvoir criminel fe renfer-
mant dans l'enceinte du territoire, aucun
acte de l'autorité criminelle ne peut s'exercer fur un territoire étranger, fans en violer

ler les droits. Par conſequent ni la pourſuite
armée d'un criminel, qui a pris la fuite,
ni la ſaiſie & l'enlèvement forcé *a*), ni le
transport armé d'un criminel, ne peut
avoir lieu ſur un territoire étranger ſans
la permiſſion du ſouverain, ou bien ſans
qu'un traité, ou une ſervitude de droit public n'y autoriſe. Les mêmes principes
ont lieu entre les états de l'Empire entre
eux, ſi ce n'eſt, qu'en vertu des loix *b*) il
eſt permis de pourſuivre ſur le champ un
infracteur à la paix publique, qui s'echap-
pe ſur un territoire étranger; droit ſur l'
étendue duquel on diſpute en Allemagne,
& qu'on ne peut pas conſidérer comme
établi généralement en Europe *c*), en tant
qu'il s'agit de la pourſuite armée.

a) Il y a aſſés d'exemples de ces ſortes
de violations, mais toujours elles ont été re-
gardées comme de graves infractions aux
droits des nations. On trouve des exemples
remarquables de ce genre dans *l'allgemeine
Geſchichte der vereinigten Niederlande* T. VI.
p. 377. dans PUFFENDORF *res geſtae Fr. Wilhelmi* L. XI. § 103. MOSER *Verſuch* T. VI.
p. 464. et *Hamb. Correſp.* 1783. n. 184.

b) Recès de l'Empire 1559. § 22. 26.
Il eſt douteux cependant ſi ce droit (*die
Nacheile*) a lieu auſſi dans le cas d'autres
crimes, que dans celui de l'infraction à la paix
publique. PÜTTER *inſtitut. iur. publ.* § 470.
(1787.)

c) Vo-

c) Voyés cependant Moser *Verſuch L.* 9. p. 463. Quistorp *Einleitung in die pein- liche Rechtsgelehrſamkeit* T. ll. § 824 (1776).

§ 86.
Effet d'une ſentence criminelle.

Par une ſuite de ces mêmes principes, une ſentence qui attaque l'honneur les droits & les biens de quelque criminel ne s'étend pas au delà des limites du territoire du ſouverain qui l'a prononcée *a*). De ſorte, que celui qui a été déclaré infame, encourt il eſt vrai chés l'étranger une in- famie de fait *b*), mais non pas de droit; que la confiſcation de ſes biens n'emporte pas celle des biens ſitués chés l'étranger, & que c'eſt le punir de nouveau que de l'y priver juridiquement de ſon honneur ou de ſes biens.

a) Quelquefois cependant cela peut ar- river par une conféquence inſéparable; de ſorte, que celui qui ſeroit privé de ſa nobleſſe, de ſes charges, de ſes ordres etc. par celui qui les lui a conferés, ne pourroit plus pré- tendre nulle part aux diſtinctions qui s'y rapportent.

b) Engelbrecht *de ſeruitutibus iuris publici* p. 98 et ſuiv.

§ 87.
Droit de faire grace.

Enfin le droit d'abolir un procès cri- minel, ou d'aggratier le coupable, n'ap- partenant

partenant au Souverain, que dahs les limites de fon état, un Prince en faifant grace
à un coupabl ui a commis un crime chés
lui, ou chés l ger, ne peut empêcher
par là, qu'un Souverain étranger, qui trou-
verbit occafion de s'en faifir, ne puiffe
lui faire le procès; il n'a d'autres moyens
pour l'empêcher, que celui de l'interceffion;
à moins de fuppofer les cas extraordinaires,
où l'innocence manifefte de l'accufé pourroit autorifer même des voyes de fait.

§ 88.
Droit de monnaye.

L'utilité publique engage de remettre
entre les mains du fouverain *a*) le droit
exclufif de frapper de la monnaye. C'eft
donc lui qui peut en fixer le titre; &
pourvu qu'il n'abufe pas de ce droit, le
fujet ne peut pas fe refufer de recevoir
& de faire fes payemens dans la monnaye
prefcrite par le fouverain. De même les
étrangers, foit qu'ils faffent du féjour dans
le territoire, foit qu'ils ayent feulement à
faire avec les fujets de l'état, font obligés
de fe foumettre aux loix du pays, pour
les payemens, tant à faire qu'à recevoir *b*);
il n'y a que les cas d'une lézion manifefte
de leur propriété, qui pourroit autorifer
leur fouverain d'époufer les plaintes qu'ils

I   auroient

auroient à former à ce fujet *c*). Mais le droit de monnaye ne s'étendant pas plus loin que le territoire, aucun Souverain n'eft obligé d'admettre chés lui de la monnaye étrangère, & s'il en admet, il eft autorifé d'en fixer la valeur fans égard à celle qui lui eft attribuée au lieu où elle a été frappée *d*). De même la défenfe de telle forte de monnaye du pays n'empêche pas l'étranger de s'en fervir chés lui *e*). Sur ces points, qui intereffent tant la propriété des états & des particuliers, l'on a confervé entierement la rigueur de la loi naturelle. Les états de l'Empire, qui d'ailleurs n'ont le droit de la monnaye qu'en tant qu'ils l'ont obtenu de l'Empereur à titre particulier de privilege &c., font obligés d'obferver chés eux, relativement au titre de leurs monnayes ce que les loix de l'Empire leur prefcrivent. Du refte, tant entre eux, que dans leur rapport avec les puiffances étrangères, ils fuivent librement les maximes du droit des gens.

a) On a beaucoup difputé dans la guerre de fept ans fi l'ennemi en s'emparant d'une province, fans avoir le deffein de la conferver, peut faire frapper de la monnaye au coin de cet état. Voyés MOSER *Verfuch* T. VIII. p. 46.

b) Quelque fois dans les traités de commerce on difpenfe les étrangers de cette rigueur

gueur, en permettant de fe fervir de la monnaye étrangère, même pour les payemens publics; voyés le traité de commerce entre la
Ruffie et l'Angleterre 1766. art. 5.

c) L'exemple de ce qui fe fit en Suéde
après la mort de Charles XII, et en France
durant la minorité de Louis XV. peut fervir
d'illuftration a cette matiere.

d) Rousset *recueil des mémoires* etc. T.
X. p. 56 et fuiv.   Moser *Verfuch* T. VIII.
p. 15-45.

e) Rien n'empêche p. e. de fe fervir en
Allemagne de ces Louis de France, que la
France a profcrits elle même fous Louis XV,
et Louis XVI.

§ 89.
Droit des Poftes.

Depuis le 15eme fiécle l'inftitut des poftes établi en France gagna fucceffivement
dans la plûpart des états de l'Europe *a)*;
même par de bonnes raifons l'on en fit
presque partout un droit de régale du Souverain; on a tâché enfuite de plus en plus
à rendre cet inftitut univerfel, en combi-
nant les poftes fur les frontieres des différens états, moyennant des conventions particulieres, qui fe multiplient encore tous
les jours *b)*.   La liberté du paffage des
poftes, & la protection particuliere qui lui
eft dûe, eft généralement reconnue en tems
de paix.   Elle a même fouvent été ftipu-

lée par des traités *c*). Le Souverain lui-
même doit s'abstenir de toucher à ce qui
a été confié à la foi d'un établissement
dont il s'est chargé. Le seul cas de la col-
lision avec la conservation de l'état peut
faire exception ici. Cependant comme
c'est au Souverain seul à juger si ce cas
existe & qu'il seroit possible qu'il étendit
ses droits trop loin *d*), l'on a recours au
chiffre dans les correspondances de l'état.

Le Souverain en se chargeant de l'établissement des postes & de leur passage se
charge de répondre de la fidélité de ceux
qu'il employe à ce service. Il doit aussi
tâcher de défendre particulièrement la po-
ste des violations que d'autres pourroient
commettre; mais il ne s'ensuit pas de là,
qu'il soit tenu de répondre de ce qui en
est enlevé par force, à moins qu'il ne se
soit chargé encore de ce risque.

a) De l'origine des Postes dans différens
pays de l'Europe voyés v. BEUST *vom Post-
regal*, T. I. p. 67. T. II. p. 34. Et en abregé
REICHARD *Handbuch für Reisende aller Stände*,
Leipzig 1784. p. 25.

b) MOSER *kleine Schriften* T. IV. p. 191.

c) Traité de commerce entre la Suéde et
la Holl. 1675. art. 15. entre la France et la
Savoye 1696. art. 6. entre la Suéde et la Pologne 1705. § 9. entre la Grande - Bretagne
et

et la Hollande 1715. art. 14. entre l'Empereur et les Turcs 1718. 1739. art. 21.

d) WIQUEFORT *le parfait Ambassadeur* T. I. S. 27. p. 409. MOSER *Versuch* T. IV. p. 145.

§ 90.
Droits relativement à la religion.

Les droits du Souverain relativement à la religion de ses états, (*iura circa sacra*) se réduisent à ces trois points principaux: 1) de déterminer d'après le bien de l'état, quelles religions y pourront être exercées, & quel sera le degré de liberté qu'il leur accordera; 2) de protéger les religions dont il a permis le culte, & de leur conserver leurs droits; 3) d'exercer une inspection suprème sur ce qui a rapport à l'église, afin de prévenir & de réprimer les abus qui pourroient se glisser dans l'état sous le prétexte de la religion. Les droits des membres d'une religion à laquelle l'on a donné le droit de former une église c. a. d. une société, consistent à déterminer ce qui tend vers l'accomplissement du but de cette société, & d'écarter ce qui lui nuiroit. C'est là ce qui forme le droit social de l'église (*ius sacrorum*) *a*). Droit qui siége originairement entre les mains de l'église particulière de chaque état, sans qu'aucun

I 3　　　étranger

étranger hors de l'état puiſſe y prendre part, moins encore ſe l'arroger tout ſeul. Rien n'empêche cependant que les égliſes de pluſieurs états ne puiſſent s'aſſocier pour exercer en commun ce droit ſocial, ſoit en tout, ſoit en partie, & qu'alors elles ne puiſſent ſe conſidérer à cet égard comme une grande ſociété égale. C'eſt là ce qui ſe fit dans les conciles particuliers, & ſurtout dans les aſſemblées oecuméniques des premiers ſiécles, juſqu'à ce que les papes eurent réuſſi à ſe faire conſidérer comme les chefs de cette ſociété, qui devint inégale dès lors, & à ſe ſoumettre tous les membres des égliſes dans les états chrétiens, ſoit Rois, ſoit ſujets, & en étendant même leur pouvoir beaucoup au de là des bornes du droit ſocial des égliſes; à mettre les mains juſque ſur les droits temporels des Souverains.

a) G. L. Böhmer *principia iuris Canonici,* Partie Générale T. I. II.

§ 91.
Continuation.

Cependant dans la ſuite non ſeulement une partie de l'Europe s'eſt entiérement ſéparée de cette ſociété inégale, & l'égliſe de chacun de ces états eſt rentré dans ſes droits (§ 24.); mais auſſi ceux même, qui

qui font reftés jufqu'à ce jour membres
de cette fociété inégale qu'on voit fubfifter
encore entre les états catholiques et le Pape,
ont fu réprimer de plus en plus les abus
de cette autorité ufurpée. Ils ont tâché de
reprendre ce qui eft dû au pouvoir civil
de l'état, & de défendre avec plus ou moins
de vigueur & la liberté de leur églife particuliere, & les droits de fes chefs aufli
bien que les droits de l'églife générale contre les prétenfions outrées du Pape. De
forte que foit par des Concordats *a*) foit
par d'autres voyes, l'autorité de ce Pontife,
peu compatible avec les principes du droit
public univerfel, & de l'indépendance des
nations, a du moins été reftreinte de plus
en plus, & que les foudres du Vatican ne
décident plus du fort de nations entieres.

a) LE BRET *Vorlefungen über die Statiftik* P. II. p. 358 et fuiv.

§ 92.
*Droits reciproques des nations par rapport
à la religion.*

Le Souverain de chaque état étant en droit
de déterminer s'il veut accorder le culte à
telle religion qui cherche à s'introduire chés
lui, les puiffances étrangères qui la profef-
fent n'ont aucun droit de demander *l'exercice* de leur religion, pour leurs fujets à

I 4   moins

moins qu'il ne leur foit promis pas des
traités *a*). La fimple dévotion domeftique
cependant, ne peut être refufée à ceux,
que l'on confent d'admettre dans un état.
De même aucune puiffance étrangère ne
peut fe permettre, fans violer manifefte-
ment les droits territoriaux de l'autre, d'introduire chés celle-ci fa religion contre
le gré du fouverain; ni par la force, moyen d'ailleurs peu convenable, ni par des
voyes fecrettes, comme p. e. en y envoyant
des miffionaires. La perfuafion dans laquelle elle feroit, que la religion qu'elle
profeffe eft la feule véritable ne peut rien
décider ici, & la providence n'a jamais pu
vouloir, qu'on renverfe l'ordre civil d'un
état, pour y répandre, ce que d'après nos
lumieres nous prenons pour vérité.

a) C'eft pourquoi dans les traités de
commerce entre des puiffances d'une religion
différente l'on a foin de déterminer les droits
dont les fujets réciproques jouiront par rapport au culte de leur religion, aux enterre-
mens etc.

§ 93.
*Droit de prêter du fecours à ceux qui font
de notre religion.*

Suppofé que dans un état il s'élève des
difputes pour la religion entre le fouverain

&

& l'état, les puiſſances étrangères n'ont pas plus de droit de ſe mêler de ces difſérens, qu'elles ne l'ont à l'égard des affaires purement temporelles c. a. d. elles doivent ſe borner à interpoſer leurs bons offices, ou à ne prêter du ſecours que lorsque la nanation les appelle, ou bien elles doivent pouvoir prouver un droit acquis à titre particulier, qui les autoriſe à prendre part à ces démêlés *a*). Cependant les puiſſances de l'Europe ſe croyent être encore plus généralement en droit, d'épouſer la cauſe des membres de leur religion, & de leur prêter du ſecours, même à main armée. Auſſi n'ont-elles gueres manqué de donner cette preuve de leur zêle toutes les fois que leur propre interêt politique ne s'y oppoſoit pas. Celui-ci cependant eſt préféré au point, qu'on a vu plus d'une fois les nations les plus zêlées, abandonner pour un interêt temporel le parti de leur religion pour ſe joindre même à la partie adverſe *b*), ſoit publiquement, ſoit en ſecret.

a) P. e. ſi dans un traité de paix, d'échange etc. il a été réglé quel ſera l'état de religion dans les provinces cedées; comme cela ſe fit dans le traité d'Abo entre la Ruſſie et la Suéde art. 8. entre l'Autriche et la Pruſſe 1742. art. 6. entre la Pologne et la Pruſſe 1773. art. 8. dans le traité d'Echange entre la Sardaigne et Genève 1754. art. 12 etc.

b) Telle

b) Telle eft l'hiftoire de presque toutes les guerres auxquelles la religion a fervi de motif ou de prétexte; voyés l'excellent traité de feu Mr. Strube *von den Religions-Kriegen* dans fes *Nebenftunden* T. II. n. 7.

§ 94.
Des fervitudes de droit public.

Outre les droits introduits réciproquement entre les puiffances relativement à leur conftitution interne, plufieurs états de l'Europe ont encore établi des *fervitudes particulières de droit public a*) en vertu desquelles une puiffance poffède un droit parfait fur le territoire ou fur le fouverain de tel autre état, de forte que celui-ci eft obligé de fouffrir, de faire, ou d'omettre, à fon égard, ce à quoi il ne feroit pas tenu fans cela, & à quoi il ne peut pas l'obliger réciproquement. Ces fervitudes de droit public, dont on trouve des exemples presque à l'égard de chaque droit de fouveraineté, n'empêchent pas un état d'être libre & indépendant, tant qu'une telle fervitude, ou ne s'étend que fur une partie des dominations, ou qu'elle ne touche qu' un droit accidentel de la fouveraineté. Toutes les fois au contraire, qu'un fouverain étranger jouit d'un ou de plufieurs droits effentiels de la fouveraineté, fur toute l'étendue du territoire d'un autre, ou que

ce

ce droit dumoins ne peut être exercé qu'
au gré de fa volonté, cet état n'eſt plus
à conſidérer comme entierement indépendant, & le ſouverain étranger en devient
en partie le ſupérieur *b*).

Du reſte, pourvu que de pareilles ſer-
vitudes ayent été établies par ceux qui
ont droit de diſpoſer des biens de l'état,
on ne ſauroit douter de leur validité, &
l'état ne peut s'en dédire, ſi ce n'eſt dans
les cas, où il eſt permis en général de s'
écarter d'un traité.

a) ENGELBRECHT *de ſervitutibus iuris
publici.* Helmſt. 1715. Lipſ. 1749. 4. FELZ
de ſervitutibus iuris publ. Arg. 1701. 1737. 4.

b) C'eſt ainſi que le droit de garniſon
accordé aux Hollandois dans quelques fortereſſes du territoire Autrichien par le traité de
barriere; que la promeſſe ſi ſouvent répétée
par la France de ne pas rebâtir Dunkerque ne
pouvoit pas influer ſur l'indépendance de ces
nations. Mais quand les Cartaginois promi-
rent aux Romains de ne plus faire la guerre
ſans leur conſentement, la ſouveraineté des
premiers n'étoit plus entiere. — Pluſieurs
états de l'Empire ont accordé à d'autres certain droit de ſouveraineté accidentel même
ſur tout leur territoire p. e. le droit des Poſtes;
cela ne ſauroit préjudicier à leur ſupériorité
territoriale.

LIVRE

LIVRE IV.

Des affaires étrangères et des droits reçus à cet égard.

CHAPITRE I.

Du maintien de la liberté et de la sûreté externe de l'état.

§ 95.

Après avoir examiné les différentes parties du gouvernement interne dans leur rapport aux états étrangers, & à leurs sujets, passons à l'examen des droits des nations qui ont pour but le maintien de la sûreté & le bien être de l'état au dehors, dans son rapport avec les puissances étrangères.

§ 96.

Aucune nation n'est obligée de rendre compte de ses actions.

Par une suite naturelle de la liberté & de l'indépendance des nations, chaque Souve-

Souverain a le droit de prendre chés lui
tel arrangement, qu'il juge néceſſaire pour
veiller à la ſûretè externe de l'état; ſoit pour
parer le coup qu'on vient lui porter, ſoit
pour prévenir le danger dont il eſt menacé.
De ſorte que pourvû qu'il en ait l'autorité
chés lui, & qu'il n'ait pas les mains liées
par des traités *a*), il peut bâtir & rétablir
autant de fortereſſes qu'il le juge à propos,
tant dans l'intérieur de l'état que ſur les
frontières; il peut augmenter le nombre
de ſes trouppes, de ſes vaiſſeaux, faire des
traités d'alliance, de ſubſides, &c. ſe pour-
voir enfin de tout ce qu'il croit néceſſaire
pour ſe mettre en état de ſoutenir une
guerre, ſans qu'il ait à rendre aucun compte à quelque puiſſance étrangère. Cependant, de pareils armemens extraordinaires
donnent facilement de l'ombrage à d'autres
puiſſances, & font naitre des ſoupçons qu'
il importe à chaque état d'écarter lorsqu'ils
ſont mal fondés. C'eſt pourquoi la politique a introduit en Europe l'uſage de demander des explications ſur ces ſortes d'armemens, & d'en donner de ſatisfaiſantes,
même à des états moins puiſſans, toutes
les fois qu'on peut les donner de bonne
foi, & qu'on les a demandées avec décence.
Souvent même on prévient de ſon chef
les puiſſances amies qu'il importe de raſſu-
rer.

rer. Ce n'eſt ordinairement que lorsqu'on
ne ſauroit rendre une réponſe ſatisfaiſante,
qu'on provoque à cette indépendance des
nations, qui les diſpenſe d'en donner. Par
une ſuite de cet uſage, on croit être en
droit d'exiger, que la puiſſance étrangère
faſſe précéder aux voyes de fait, la demande d'une explication à l'amiable; obligation que même le droit naturel reconnoit
jusqu'à un certain point.

a) Dans les états ſouverains les loix fondamentales doivent décider ici ſur le degré
d'autorité qu'a le ſouverain à cet égard. En
Allemagne ce droit eſt limité par différentes
loix de l'Empire.

b). P. e. la France s'étoit engagée par les
traités de 1713. de 1748. de 1763. envers l'
Angleterre de ne pas rebâtir Dunkerque.
Condition que la paix de 1783. a fait ceſſer.
La république de Gènes s'eſt engagée par le
traité de 1685. art. 4. avec la France de des-
armer une partie de ſes vaiſſeaux voyés DU
MONT *corps diplom.* T. VII. P. II. p. 88.

§ 97.

Du maintien de l'équilibre entre les Etats.

Chaque état a le droit naturel de travailler à l'augmentation de ſa puiſſance,
non ſeulement en perfectionnant ſa conſtitution interne, mais encore en s'agrandiſ-
ſant par le dehors; pourvu que les moyens
dont

dont il fe fert, foient légitimes c. a. d. qu'
ils ne bleffent pas les droits d'un tiers.
Cependant il fe peut que les aggrandiffemens d'un état, déja puiffant, & la pré-
ponderance qui en réfulte, mette la fureté
& la liberté d'autres états en danger, foit
pour le préfent, foit pour la fuite. Dans
ce cas là il nait une collifion de droits,
qui autorife ces derniers Etats de s'oppofer
même par la force des armes & par des
alliances à ces aggrandiffemens, fans égard
à leur légitimité *a*). Ce droit eft plus ef-
fentiel encore à des états qui forment une
efpèce de fociété générale, qu'à des peuples
épars & fort éloignés; & c'eft pourquoi les
puiffances de l'Europe *b*) fe croyent auto-
rifées d'y provoquer, & de veiller au maintien de l'équilibre de l'Europe.

a) Le Comte DE HERTZBERG *fur la véritable richeffe des états, la balance du commerce, et celle du pouvoir*, à Berlin 1786.

b) Dumoins la plûpart des états y ont
provoqué hautement, dans plus d'une occafion; et fi d'autres l'ont contefté, c'eft lorsqu'on a voulu s'en fervir contre eux; encore
eft-ce fouvent moins le droit, que l'application qu'on a revoqué en doute. Du refte
les opinions des favans fur la néceffité, fur
la légitimité, et fur l'utilité de ce droit font
affés partagées. LISOLA *le bouclier d'état et
de juftice* 1667. 12. LEHMANN *trutina Europae*, Jena 1710. L. M. KAHLE *de trutina
Euro-*

Europae quae vulgo appellatur die balance
praecipua belli et pacis norma, Gott. 1744. 8.
Réflexions touchant l'Equilibre, voyés *Europ.*
Fama P. 98. p. 183. D. G. STRUBE *Prüfung
der Réflexions* etc. voyés ses *Nebenstunden* P.
II. n. 8. v. JUSTI *Chimaire des Gleichgewichts
von Europa*, Altona 1758. 4.

§ 98.
Origine du système de l'Equilibre en Europe.

De tout tems les peuples ont vu d'un
oeil jaloux les accroissemens trop multipliés
du pouvoir de quelqu'un d'entre eux.
Aussi trouve-t-on déja chés les anciens
peuples quelques entreprises qu'une occasion
présente fit naitre, pour s'opposer à la pré-
ponderance de quelque état trop puissant. *a*)
Cependant ils semblent n'avoir jamais fait
du maintien de l'équilibre un système suivi
de leur politique. La grandeur des Romains, & plus tard la migration des peuples l'exemple même de Charlemagne, &
peutètre celui de Henry V. *b*) prouvent
assés que les peuples de l'Europe ont commencé beaucoup plus tard à sentir la né-
cessité de s'occuper constamment à prévenir cette sorte de danger, avant que d'en
être menacé immédiatement. Mais depuis
qu'au 16ème siécle l'accroissement immense
du pouvoir de la maison d'Autriche ne
fut balancé qu'à peine par celui du Roi de
France,

France, devenu plus puissant chés lui, &
que l'un & l'autre de ces états fit craindre
tour à tour l'établissement d'une monarchie
universelle, les autres puissances à l'exemple de l'Angleterre n'ont plus perdu entierement de vue le syllème du maintien de
l'équilibre en Europe *c*). Cependant quelques unes d'entre elles s'en sont écartées
quelque fois pour ceder à des interêts alors
prélens. Aulli la plupart des états provoquent - ils encore aujourdhui au droit de
maintenir l'équilibre, comme à un droit
qui leur appartient *d*).

Du reste c'est à la politique à juger &
des cas *e*) ou cet équilibre est en danger,
& des moyens qu'il faut choisir pour le
rétablir. L'hiftoire de l'Europe depuis le
16eme fiécle prouve combien il y a eu - de
viciffitudes à cet égard.

a) C. G. HEYNE progr. *de foederum ad
Romanorum opes imminuendas initorum euen-
tis eorumque cauffis*, Gott. 1780. fol.

b) Voyés BÜSCH *Welthändel* p. 41 et fuiv.

c) Voyés l'hiftoire de la balance de l'Europe chés SCHMAUSS *Einleitung in die Staats-
wiffenfchaften* P.I.

d) GUNTHER *Völkerrecht* T.I. p. 346.
et fuiv.

e) Il est manifefte que ce n'est pas toujours l'étendue des acquifitions qui peut dé-
K cider

cider là-deſſus; que tout dépend ici des cir-
conſtances; et que du reſte l'anéantiſſement
entier d'un état qui a pu ſervir de contrepoids
peut devenir auſſi nuiſible à la ſureté des états,
que le feroit l'aggrandiſſement immédiat de
tel autre.

§ 99.
De la balance dans quelques parties de l'Europe.

Le même principe que nous venons d'
expoſer, peut engager & autoriſer les puiſſances d'une certaine partie de l'Europe, à
s'oppoſer en particulier à l'aggrandiſſement
trop conſidérable d'une ſeule d'entre elles.
De là le ſyſtème du maintien de l'équilibre particulier entre les puiſſances de l'Eſt,
de l'Oueſt ou du Nord *a*) de l'Europe, entre les états d'Allemagne *b*), de l'Italie *c*),
des Européens en Amérique *d*) &c. Le
même principe peut encore être adopté
relativement au commerce *e*), & ſurtout à
la navigation *f*); mais jamais on ne pourra
l'étendre juſqu'au point, de vouloir empêcher une nation par la force d'étendre légitimement ſon commerce, ou d'augmenter le nombre de ſes vaiſſeaux de guerre;
au moins tant qu'elle n'en abuſe pas pour
exercer ou pour étendre un empire uſurpé
ſur les mers.

a) V. Schmauss *Einleitung in die Staats-
wiſſenſchaften* T. II.

b) Gun-

b) GUNTHER T. I. p. 376.

c) MOSER *Verf.* T. I. p. 73. GUNTHER T. I. p. 375.

d) MOSER *Nordamerica nach den Frie-densfchlüffen von 1783* T. III. p. 316.

e) v. HERTZBERG *difcours fur la richeffe des etats etc.* 1785.

f) Voyés la déclaration de la France 1758 chés MOSER *Beiträge* T. I. p. 72. *La voix libre du Citoyen d'Amfterdam, ou réflexions fur les affaires préfentes* (1755). v. JUSTI *Chimaire des Gleichgewichts der Handlung und Schiffahrt,* Altona 1759. 4.

§ 100.
De la Liberté de conclure des traités.

Libre dans fes actions chaque puiffance eft en droit de faire toutes les conventions avec d'autres qu'elle juge conforme à fes interêts, & qui ne bleffent pas les droits d' autrui. Et de l'autre côté les puiffances étrangères peuvent auffi peu la forcer de faire une convention contre fon gré, qu'il leur eft permis, de difpofer de fes droits par une convention qu'elles feroient entre elles.

§ 101.
Reftrictions de cette liberté.

Cette liberté eft reconnue auffi récipro-quement par les puiffances de l'Europe tant qu'il s'agit de la théorie; cependant dans

K 2 la

la pratique 1) l'histoire moderne fournit
affés d'exemples *a*) que des puiffances ont
forcé telle autre d'acceder contre fon gré
à une convention faite par elles, & même
qu'elles l'ont mife par avance au nombre
des contractans *b*). 2) En confidérant la
pofition des états moins puiffans de l'Europe on voit qu'il s'en faut de beaucoup,
qu'ils puiffent fe fervir de cette liberté entiere que le droit des gens univerfel leur
accorde relativement aux traités; & il n'y
en a que trop, qui jouiffant d'une liberté
& indépendance *formelle* font fous une dé-
pendance très *réelle* de leurs voifins trop
puiffans. Enfin 3) quelquefois les nations
elles-mêmes fe font liées les mains à l'égard
de certains traités par ceux qu'elles ont faits
avec une certaine puiffance *c*); & les états
mi-fouverains font affujettis à des loix *d*)
qui apportent quelquefois des reftrictions
à leur liberté de faire des traités.

a) Les traités de partage de la fucceffion
d'Efpagne, le traité de la quadruple alliance
1718, la paix d'Aix la Chapelle 1748. peuvent fervir ici d'exemple; voyés auffi MOSER
Verfuch T. VIII. p. 307.

b) v. STECK *von der Einfchließung einer
dritten Macht in einen Traktat und von dem
Beitritt eines dritten Staats zu einem gefchlof-
fenen Bündniffe;* voyés fes *Ausführungen
politifcher und rechtlicher Materien* 1776. n.8.
p. 48 et fuiv. *c*) P.

c) P. e. plusieurs Princes des Indes après
avoir accordé un commerce exclusif à une
nation ne font plus en droit de faire des traités de commerce avec d'autres; de même en
renonçant p. e. au commerce des Indes comme le fit Charles VI. 1731. relativement aux
Pays-Bas Autrichiens, on renonce au droit
de faire les traités qui s'y rapportent; mais
c'est qu'alors ces traités blesseroient les droits
d'un tiers.

d) C'est ainsi que les états de l'Empire,
bien qu'ils ayent le droit d'alliance font obligés de s'abstenir de celles qui feroient directement ou indirectement pernicieuses à l'
Empire. Voyés les dispositions de la paix
de Westphalie art. 8. § 2. Capit. Imper. art.
6. § 5.

CHAPI.

CHAPITRE II.

De l'égalité et de la dignité des nations.

§ 102.

Des titres, du rang et des honneurs en général.

Malgré la différence du pouvoir, & de la forme du gouvernement, tous les états jouissent d'après le droit des gens universel d'une égalité entiere de droits relativement à l'honneur, ainsi que relativement à tout ce qui les concerne. De sorte que chaque nation a sur les autres un droit négatif sur son honneur, mais aucune ne posséde un droit parfait de demander des marques de distinction positives, moins encore des préférences. Les titres & autres marques d'honneur, que les sujets d'un état accordent à leur souverain, ne produisent aucun effet nécessaire sur les étrangers, & la puissance plus considérable ne sauroit valoir à quelque souverain la préséance sur d'autres états plus faibles. Cependant 1) dès qu'on veut avoir du commerce avec une nation & qu'on veut qu'elle accorde à notre souverain le titre que la nation lui a donné on peut difficilement se dispenser de reconnoitre ses titres ;

tres; 2) il en eſt de même de certains honneurs plus ou moins grands que l'uſage a attachés à la ſouveraineté, & à la poſſeſſion de certains titres. 3) La politique peut engager facilement les états plus faibles à accorder la préféance & d'autres diſtinctions à des états dont la puiſſance eſt plus utile, ou plus à craindre pour eux; ou deſquelles doivent rechercher l'amitié & redouter la disgrace.

C'eſt auſſi ce qui eſt arrivé en Europe, & ce qui a donné la naiſſance à une multitude de droits établis entre les puiſſances, & dont l'enſemble forme le cérémonial *a*) *étranger* de l'Europe (en l'oppoſant au cérémonial domeſtique de chaque cour). Il repoſe en grande partie ſur un ſimple uſage de ſorte qu'il n'y a qu'une obligation imparfaite à l'obſerver. Ce cérémonial s'étend ſur toutes les différentes parties du droits des gens, de ſorte qu'on peut traiter en particulier le cérémonial perſonnel, celui de la chancellerie, le cérémonial maritime, celui des ambaſſades, de la guerre &c. Il ſera plus à propos de s'occuper de ces parties en traitant des différentes matieres, auxquelles il s'agit de l'appliquer. Nous nous bornerons donc ici à parler des dignités & de la préféance en général.

K 4   *a*) Sur

a) Sur le cérémonial voyés LETI *céré-moniale hiftorico-Politico* P. I-VI. 8. AGOST. PARADISI *theatro de nom nobile* T. I. II. LU-NIG *theatrum ceremoniale hiftorico-politicum.* ROUSSET *cérémonial diplomátique* T. I. II. fol. dans fes *fupplemens au corps diplomatique* T. IV. V.

§ 103.
Du titre d'Impérial et Royal.

De toutes les dignités féculieres des fouverains, celle d'Empereur & de Roi eft regardée comme la plus éminente en Europe. L'énorme pouvoir des anciens Empereurs Romains, qui comptoient plufieurs Rois parmi leurs fujets, a fait fans doute, qu'autrefois l'on a cru que la dignité Impériale étoit au deffus de la dignité royale non feulement quant à l'honneur, mais encore, qu'elle donnoit un plus haut degré de pouvoir *a*) & d'indépendance *b*). Aujourdhui, les Rois furtout foutiennent que la dignité Impériale *par elle-même* n'accorde aucune prérogative au deffus d'eux. Et tandis qu'autrefois & l'Empereur *c*), & le Pape *d*) prétendoient & exerçoient le droit d'élever à la dignité Royale tel Prince qu'ils jugeoient à propos, fans que les autres puiffances euffent cru pouvoir fe refufer à le reconnoître, aujourdhui l'on n'accorde ce droit à aucun d'eux *e*). Et bien que

chaque

chaque Prince ait le droit de se faire donner par ses sujets tel titre de dignité, qu'il
le juge à propos, ou qu'il peut obtenir d'
eux, les puissances étrangères ne se croyent
pas obligées pour cela de le reconnoître,
tant qu'elles n'y ont pas consenti *f*) soit
par des traités, soit par l'usage; ce qui
même quelquefois ne se fait que condi-
tionellement *g*).

a) Voyés ce qui a été dit plus haut des
notaires Impériaux, et ce qui est observé dans
la note *c* de ce §.

b) C'est ce qu'on voit entre autres par
les fréquens exemples du moyen age, où les
Rois, lorsqu'ils vouloient marquer leur indépendance entière de l'Empereur Romain, assu-
roient que leur couronne étoit couronne *impériale*, et se faisoient même quelque fois qua-
lifier d'*Empereurs*. Voyés sur l'Angleterre
BLACKSTONE *commentaries* T. I. p. 235. RY-
MER *foedera* T. VII. P. II. p. 72. 125. sur l'
Espagne ARTHUR DUK *de usu et autoritate iuris
Romani* p. 279. DE REAL *science du gouvernement* T. V. p. 837. sur la France *gelehrte
Beiträge zu den Meklenb. Suerin. Nachrichten*
1773. n. 43–45. La France et l'Angleterre
se servent jusqu'à ce jour du titre d'Empereur
dans leurs traités avec les Turcs et d'autres
puissances barbares; voyés p. e. DU MONT
corps dipl. T. V. P. II. p. 39. 559. T. VI. P. I.
p. 19. T. VII. P. I. p. 231. 397. P. II. p. 18.
74. 75. 105. 114. MOSER *vermischte Abhandlungen* n. 2. et ses *Versuche* T. III. p. 28. §

37 et fuiv. LAUGIER *hiftoire de la paix de Belgrade* T. I. p. 65. n. I.

c) C'eft ainfi que Henry II. érigea 906. le duché de Hongrie en royaume; que Henry IV. nomma 1086. le duc Wratislaw de Bohème Roi; qu'Othon IV. fit un Roi d'Arménie. Les Genois offrirent à l'Empereur Fréderic I. la fomme de 4000 marc d'argent s' il vouloit ériger l'Ifle de Sardaigne en royaume; voyés fur cette matiere *Hannoverifche gelehrte Anzeigen* 1750. p. 173. LUDEWIG *de iure reges appellandi* chap. II. § 7. dans fes *opufcula* T. I. p. 62. DE REAL *fcience de gouvernement* T. V. p. 842.

d) C'eft ainfi qu'en rivallifant avec l'Empereur Silveftre II. fit un roi d'Hongrie 1005 qu'Eugène éleva Alfonfe I. de Portugal à la dignité royale; que Honoré II. fit Roger comte de Sicile duc, et que l'Antipape Anaclète le fit roi 1136. C'eft ainfi qu'après que Henry VIII. eut pris le titre de roi d'Irlande, fans confulter le Pape, celui-ci pour conferver fon prétendu droit donna de fon chef à Marie le droit de porter ce titre; voyés Raynald T. 21. P. 2. à l'année 1555. DE REAL *fcience du gouvernement* T. V. p. 837 et fuiv.

e) En vain le Pape a-t-il protefté contre le titre royal de Pruffe que Fréderic I. avoit pris de fon chef; en vain ofa-t-il foutenir encore qu'il n'y avoit que lui qui pût difpofer des couronnes, voyés LAMBERTY T. I. p. 383. J. P. LUDEWIG *naeniae pontificis de iure reges appellandi*, Halae 1702. 4. Les Papes continuèrent cependant bien des années à refufer le titre de Roi au fouverain de la Pruffe

Pruffe bienque Benoit XIV. le lui eût donné quelquefois; jusqu'à ce qu'enfin le Pape d'au-jourdhui le lui a accordé dans fes écrits; vo-yés v. HERTZBERG *hiftorifche Nachrichten von dem ehemals von den Päbften beftrittenen nun-mehro aber anerkannten Preuffifchen Königs-titel. Berliner Monatsfchrift.* 1786. Auguft n. 1, 2. 1787 März p. 299. On n'accorde plus ce droit à l'Empereur; il eft faux qu'il ait *conféré* la dignité royale au Roi de Pruffe; voyés le traité de la couronne fait 1700 en-tre Fréderic de Pruffe et l'Emp. Léopold chés Mr. ROUSSET *fupplem. au Corps Dipl.* T. II. P. I. p. 461. Du refte fuppofé que l'Empe-reur difpofât de la dignité royale il femble que les états de l'Empire comme tels ne pour-roient pas fe refufer de la reconnoître; vo-yés MOSER *von den Kayferlichen Regierungs-rechten* p. 421.

f) C'eft ce que les exemples du titre royal pour la Pruffe, et du titre d'Impérial pour la Ruffie prouvent affés clairement. L'un et l'autre n'ont été reconnu généralement, qu'après que fucceffivement les puiffances de l'Europe ont confenti à le leur accorder. C'eft ainfi que le titre royal que le roi de Pruffe prit 1701. fut reconnu en premier lieu et d'avance par l'*Empereur* dans le traité de 1700. ROUSSET *fupplement.* T. II. P I. p. 461. P. II. p. 2. par l'*Angleterre*, et les *provinces unies* et la *Suiffe* 1701. voyés *allgemeine Gefchichte der vereinigten Niederlande* T. VIII. p. 236. LAMBERTY *mémoires* T. I. p. 710. Par le *Danemarc* le roi de *Pologne* et le *Portugal* 1701. par la *France* et l'*Efpagne* 1713. par la *Suede* 1723. voyés MOSER *Verfuch* T. I. p. 247.

247. C'eft ainfi que le titre d'Impérial que le Czaar Pierre I. prit 1721. fut reconnu par la *Pruffe*, les *provinces unies* et la *Suede* 1723 par le *Danemarc* 1732. Moser *Verfuch* P. I. p. 261. par la *Porte* 1739. par la *Hongrie* 1742. par l'*Empereur* et l'*Empire* 1745.1746. Voyés Faber *Europäifche Staatscanzeley* T. 92. par la *France* 1745. par l'*Efpagne* 1759. par la république de *Pologne* 1764. voyés Ev. Otto *diff. de tit. Imp. Ruffici.* N. E. *Fama* St.98. p. 182. N. E. *Staatscanz.* T. 10. p. I.

g) C'eft ainfi que la France et l'Efpagne fe firent donner des reverfales par l'Impératrice Elifabeth, que ce titre n'influeroit point fur la préféance. Lorsque l'Impératrice d' aujourdhui refufa le renouvellement de ces reverfales, les deux puiffances declarerent qu'en cas d'innovation elles cefferoient de donner le titre d'Impérial. Voyés les déclarations et contredéclarations dans Faber N. E. *Staatscanz.* T. 10. p. I et fuiv.

§ 104.
Honneurs royaux.

L'ufage, attache de certaines prérogatives à la dignité Impériale & Royale dont l'enfemble eft compris fous le titre d'*honneurs royaux*. Ces honneurs appartiennent à toutes les têtes couronnées. Ils ont été communiqués même à quelques états dont le chef n'eft pas roi a). Le droit d'ambaffade du premier ordre, la préféance fur tous les autres états et plufieurs cérémonies diftin-

diflinguées en font partie. Mais le titre de
Majeflé n'eft pas de ce nombre, dumoins
n'y eft-il pas annexé néceflairement. Ce
titre *b*) qu'autrefois les Empereurs Romains
portoient feuls, n'a été pris par les Rois
que fucceflivement depuis le 15ème fiécle *c*);
d'abord chés eux, puis accordé par les Rois
entre eux *d*), & par les états d'une dignité
inférieure; enfin les Empereurs même ont
confenti à le donner à tous les Rois *e*);
cependant même aujourd'hui ce titre n'eft
pas une fuite néceflaire de la reconnoiffance
du titre royal *f*). L'Empereur Turc ne le
reçoit pas à beaucoup près de toutes les
têtes couronnées *g*), & le Pape ne l'a pas
du tout.

a) C'eft ainfi que les Electeurs, la république de Venife, les Provinces unies, la
Suiffe, l'ordre de Malthe jouiflent des honneurs royaux, et que plufieurs autres états
y prétendent.

b) Voyés en général F. C. DE MOSER *von*
dem Titel Majeftät, dans fes *kleine Schriften*
T. VI. n. 2.

c) En France les Rois ne fe firent donner
ce titre que vers la fin du 15ème fiécle v.
HENAULT *abrégé de l'hift. du France* T. II.
p. 413. MOSER *kleine Schriften* T. VII. p.
177. en Danemarc le roi Jean v. HOLLBERG
Dän. Reichshiftorie T. I. p. 477. en Efpagne
Charles I. (V) le prit le premier; en Angleterre Henri VIII. LETI *cérémon. hift. pol.* T.
VI.

VI. p. 483. en Portugal Sebaftien 1578. voyés
HENAULT *abregé* T. II. p. 560.

d) La France et l'Angleterre fe le font
donnés dès 1520. La Suéde et le Danemarc
1685. v. PUFFENDORF *res geftae Caroli Gu-
ftavi* L. V. § 25. p 393. La France n'a donné ce titre au Danemarc qu'au commencement
de ce fiécle.

e) L'Empereur a longtems refufé ce titre même à la France; voyés les difputes élevées à ce fujet lors de la paix de Weftphalie
dans les *mémoires et négociations fecrettes de
la cour de France pour la paix de Munfter*, et
en abregé chés WIQUEFORT *le parfait Ambaffadeur* p. 734 (1690). Depuis il y a eu
beaucoup de difputes encore entre l'Empereur
et les Rois v. PUFFENDORF *de reb. geftis Fr.
Wilh.* L. X. § 17. L'Empereur accorda le
titre de Majefté au roi de Pruffe par le fameux
traité de 1700. au Danemarc 1702. et depuis
Charles VI. l'a donné à tous les rois, voyés
PÜTTER *juriftifche Praxis* P. II. p. 117.

f) La France après avoir donné le titre
de Roi à la Pruffe 1713 lui donna le titre de
Majefté par un article féparé de la paix d'U-
trecht. v. DU MONT T. VIII. p. 358.

g) ROUSSET *fupplement* T. V. p. 742.

§ 105.
De la préféance.

L'ufage attache encore un grand prix
à la préféance *a*). Par le rang, ou la préféance, on entend le droit d'occuper la
place

place d'honneur dans les occafions, où l'
on concourt avec d'autres puiffances, foit
perfonnellement, dans les affemblées de cérémonie, dans les proceffions &c. foit dans
le corps & la fignature des actes publics.
Il eft peu difficile de determiner quelle eft
la place d'honneur, qui eft affés réglée par
l'ufage *b*), mais il s'agit de marquer à qui
elle eft dûe. C'eft ce qu'envain plufieurs
Papes, furtout Jules II. *c*) ont tâché de
faire à l'occafion des conciles, en variant
même fouvent les principes de leurs décifions. Les puiffances elles-mêmes, pour
l'emporter fur d'autres, ont tantôt allégué
en leur faveur l'ancienneté de leur indépendance *d*), celle de la maifon régnante,
ou celle du Chriftianifme, introduit chés
elles, tantôt leur pouvoir, leur forme de
gouvernement, le nombre de leurs couronnes, leurs dignités, titres &c, cependant
on reconnoit affés aujourdhui qu'aucun de
ces avantages ne peut décider par lui feul,
& lorsque les traités ne réglent rien, tout
dépend de la poffeffion, qui elle-même
fouvent eft affés difputée. Il y a quelques
points cependant fur lesquels l'on s'accorde
généralement.

a) Zwanzig *theatrum praecedentiae.*
Rousset *fur le rang et la préféance entre les
fouverains,* à Amft. 1746. 4.

b) Go-

b) Gotiiofredus *de iure praecedentiae* p. 154. Agost. Paradisi *theatro del nom nobile* T. I. cap. 4. 5.

c) Paulo Sarpi *hiſt. del Concilio Tridentino;* la claſſification que Jules II. fit faire 1504 ſe trouve chés Gunther T. I. p. 219.

d) Moser *Beiträge* T. I. p. 45.

e) Gunther *Völkerrecht* T. I. p. 201. et ſuiv.

§ 106.
Préſéance des têtes couronnées.

C'eſt ainſi que 1) toutes les puiſſances catholiques accordent la préſéance au Pape en qualité de vicaire de I. C. & de ſucceſſeur de St. Pierre; mais les états proteſtans ne le conſidérant que comme Evèque de Rome, & comme prince ſouverain en Italie, tous ceux qui jouiſſent des honneurs royaux refuſent de lui accorder le pas ſur eux. 2) L'Empereur Romain jouit par un uſage conſtant de la préſéance ſur tous *b*) les autres monarques de l'Europe, ſi ce n' eſt que l'Empereur Turc prétend à une égalité entiere avec lui, laquelle lui a été accordée par les traités *c*), ſans que toutefois pour cela les autres têtes couronnées lui accordent le pas ſur elles *d*). 3) Les Empereurs & tous les Rois ont le pas ſur les républiques *e*) & ſur les autres états dont

le

le chef n'eſt pas Roi *f*). 4) Quant aux
Rois entre eux, il en eſt qui prétendent
avoir le premier pas ſur tous les autres en
ſuivant immédiatement l'Empereur Romain. Tels ſont le Roi des Romains *g*)
le Roi de France *h*), le Roi d'Eſpagne *i*)
& dans les tems plus récens la Ruſſie *k*).
Cependant ces Princes diſputent ſur ce
point tant entre eux, qu'avec pluſieurs autres Rois. D'autres prétendent du moins
à une égalité entiere, tel que la Grande
Bretagne *l*), le Danemarc, la Suéde *m*).
D'autres enfin accordent, ſoit par les traités,
ſoit par l'uſage, le rang à de certaines
puiſſances, *dans les occaſions ou l'on ne peut
obſerver l'égalité n*) mais en pretendant ou
la préſéance *o*) ſur d'autres Rois, ou du
moins l'égalité avec ceux-ci.

a) L'Empereur même le lul accorde
dans la régle, voyés ROUSSET *memoire ſur le
rang* chap. I. voyés cependant ce qui arriva
à Vienne 1782. lorsque le Pape vint voir l'
Empereur. *Politiſches Journal* 1782. Avril
p. 383.

b) Voyés cependant l'anecdote que rapporte GUNTHER T. I. p. 221. au ſujet de la
France. En général ſur le rang de l'Empereur on peut voir HUMLER *von dem aller-
höchſten Range, Titel und Würde der Röm.
Kaiſer*, Francf. 1770. 8.

c) Voyés la paix de Paſſarowitz 1718.
art. 17. celle de Belgrade 1739. art. 20. 21.

Moser *Staatsrecht* T. III. p. 106. Lunig *theatr. cerem.* T. II. p. 1438.

d) La régle du droit civil: *ſi vinco te vincentem vinco te*, quelque naturelle qu'elle ſoit n'eſt aucunement applicable à la matiere de la préſéance à l'égard de laquelle chaque puiſſance ſuit le cérémonial particulier qui ſubſiſte entre elle et telle cour individuelle.

e) L'Empire d'Allemagne conſidéré en corps a été placé ſouvent avant, et quelque fois après les Rois; voyés Gunther T. I. p. 209. et les auteurs qu'il allégue.

f) En vertu de cette régle un Prince dès qu'il eſt reconnu Roi, doit avoir le rang au deſſus des républiques, même les plus anciennes. Auſſi les Provinces unies ont-elles cedé tout de ſuite le rang au Roi de Pruſſe après l'avoir reconnu. Voyés cependant Janiçon *etat preſent des provinces unies* T. I. p. 103. La république de Veniſe a cru pouvoir diſputer ce rang dans quelques occaſions, ſans avoir pu l'obtenir.

g) Nettelbladt *Beweis daß dem Römiſchen König der Rang vor allen auswärtigen regierenden Oberhäuptern zuſtehe*, voyés les *Erörterungen* etc. 1773. p. 87.

h) Godefroi *memoires concernant la préſéance des Rois de France*, Paris 1612. 4. 1618. 1653.

i) Waldesii *praerogatiua Hiſpaniae*, 1625. fol. ſur les diſputes de rang entre la France et l'Eſpagne, voyés Schmauss *corp. iuris gentium* T. I. p. 760. la diſpute eſt terminée actuellement par le pacte de famille
de

de 1761. art. 27. voyés DOHM *Materialien,* 4te *Lieferung* p. 447.

k) Sur la dispute de préféance de la Russie avec d'autres états surtout avec la France; voyés *Fortgesetzte neue genealog. hist. Nachrichten* T. 33. p. 597–601. MOSER *auswärtiges Staatsrecht* p. 17. fur les disputes 1770 élevées à Ratisbonne MOSER *Versuch* T. I. p. 57. fur les disputes 1784 et suiv. voyés *Politisches Journal* May 1784. p. 518. 541. Juin p. 650. et les Nouvelles extraordinaires 1784. n. 58. 60. L'Empereur Turc a promis à la Russie de lui accorder le pas immédiatement après l'Empereur, voyés la paix de 1774 art. 13. Mais il avoit déja promis la même chose à la France dans les traités faits avec cette puissance 1604 art. 20. 27. 1673 art. 10. 1740 art. 1.

l) HOWEL *discourse concerning the precedency of King,* London 1664. fol.

m) La Suéde déclara lors de la paix de Westphalie *"qu'elle prétendoit ne ceder en rien à la France in praecedentia et praerogativa"* v. ROUSSET *mem.* chap. VII. MOSER *Beiträge zu dem Europ. V. Recht in Friedenszeiten* T. I. p. 41.

n) C'est ainsi p. e. que dans cette forte d'occasions le Portugal céde à la France, à l'Espagne, à l'Angleterre; que la Prusse céde à la France, à l'Espagne etc., que la Sardaigne céde à la France, à l'Espagne, à l'Angleterre etc. MOSER *Versuch* T. I. p. 71. *Beiträge etc.* T. I. p. 43 et suiv. Le Danemarc même paroit ceder à la France, v. MOSER *Beiträge in Friedensz.* T. I. p. 41.

L 2 *o)* C'est

o) C'eſt ainſi que le Danemarc en ſe bornant à demander l'égalité avec l'Eſpagne prétend le rang ſur la Suéde et la Pologne, que la Sardaigne prétend le rang ſur la Pologne. Voyés les anteurs qui ont traité de la préféance de pluſieurs états en particulier, chés Mr. d'OMPTKDA *Litteratur* Tom. II. § 194. et ſuiv.

§ 107.
De l'alternation établie entre les puiſſances d'une dignité égale.

Non obſtant ces diſputes de préféance 1) les Rois entre eux (ainſi que les républiques entre elles & les autres états d'une même dignité entre eux) ſe ſervent pour l'ordinaire *a*) de l'alternation *b*) dans les écrits publics, de ſorte que par ce moyen on rétablit l'égalité; cependant on refuſe ce droit d'alterner à quelques Rois *c*), ce qui a cauſé quelquefois de nouvelles diſputes. 2) les Rois accordent la préféance à tout Roi *d*) étranger qui vient comme tel leur rendre viſite chés eux. Il n'y a que l'Empereur, qui n'a jamais voulu accorder cette préféance aux Rois *e*); 3) dans les congrès de paix, l'Ambaſſadeur du Roi médiateur a toujours le pas ſur les Ambaſſadeurs des autres Rois.

a) Soit en vertu de l'uſage ſoit par des traités. C'eſt ainſi que la France et l'Angleterre

terre ont déja réglé 1546. 1551. 1559. de se servir de l'alternation; ROUSSET *memoires sur le rang* etc. p. 66.

b) P. e. pour les traités entre deux puissances on fait deux exemplaires, et chaque puissance, dans celui qu'elle conserve, est nommée en premier lieu. S'il y a plusieurs puissances on se voit dans le cas de multiplier de beaucoup le nombre d'Exemplaires, voyés ce qui se fit à l'occasion de la quadruple alliance 1718, et à la paix d'Aix la Chapelle 1748. MOSER *Beiträge* T. I. p. 45 et suiv.

c) C'est ainsi que la Grande-Bretagne refusa l'alternation au Roi de Prusse 1742. voyés *Merc. h. et pol.* 1763. T. I. p. 145. C'est ainsi que la Hongrie et la Sardaigne eurent de la peine à être admis à l'alternation lors de la paix d'Aix la chapelle, et que le Portugal ne fut admis à l'alternation 1763. qu'après avoir donné des reversaux; voyés MOSER *Beiträge* T. I. p. 43.

d) Mais les rois n'accordent pas chés eux le rang à un électeur moins encore à quelque autre Prince. L'ambassadeur d'un Roi quoique doué du caractere représentatif ne peut pas non plus prétendre à cette préséance par devant le Roi, ni même par devant un Electeur en personne. Cependant les Ambassadeurs de l'Empereur ont quelque fois demandé le pas sur les Electeurs en Personne. La France, en suivant cet exemple, a demandé la même chose pour ses ambassadeurs, et soutient l'avoir obtenu quelque fois des Electeurs ecclésiastiques, voyés *Mémoires et Négociations secrettes touchant la paix de Munster* T. III.

p.

p. 565. (8.) Mòser *kleine Schriften* T. VII.
p. 190. De Real T. V. p. 51. Les électeurs
féculiers ne le lui ont jamais accordé, et les
Princes régnans même le refufent.

e) Rousset *fur le rang et la préféance*
p. 13 et fuiv. Mòser *auswärt. Staatsrecht*
p. 17. Le roi de Prufse Fréd. Guillaume I.
accorda le rang à Charles VI. voyés Mòser
Hofrecht T. I. p. 26.

§ 108.
Du rang des électeurs, des grandes
républiques etc.

Après les Rois fuivent les autres états
qui jouiffent des honneurs royaux. Les
électeurs prétendent le rang immédiatement
après les Rois, avant les grandes républiques. L'Empereur a promis a) de le leur accorder chés lui; & dans plufieurs autres
cours ils ont le rang fur les provinces
unies b) & fur les Suiffes c), & dumoins
l'égalité avec la république de Venife d).
Entre les républiques celle de Venife a le
pas fur les Provinces unies e) & fur les
Suiffes, lesquels cedent auffi le rang aux
Provinces unies f). Toutes les trois prétendent le rang fur la république de Gènes
qui afpire à l'égalité avec celle de Venife,
en demandant le pas fur les Suiffes. L'ordre de Malthe g) difpute le rang à la république

publique de Venise ainfi qu'aux autres républiques.

Il y a encore une infinité de difputes
entre les Princes & autres états d'Italie *h*)
tant entre eux qu'avec les Princes de l'Empire & avec d'autres états mi-fouverains *i*)
La préféance des états de l'Empire à la
diéte eft affés réglée aujourdhui par les
traités & par la poffeffion, mais hors de
la diéte, où cette préféance n'eft pas toujours adoptée pour régle, il refte bien des
conteftations; même entre les Electeurs
entre eux, & furtout entre les anciens princes entre eux, & avec les princes eccléfia-
ftiques; entre les Prélats & les Comtes;
entre les villes impériales entre elles, &
avec la nobleffe immédiate &c. *k*)

a) Voyés la Capitulation Impériale depuis Léopold art. 5.

b) On allégue les exemples de 1625. en
Pologne, de 1660. à Oliva, de 1670. en Da-
nemarc, de 1685. en Angleterre, de 1779. en
Suéde etc.

c) Moser *auswärt. Staatsrecht* T. III.
p. 236.

d) Cependant la république de Venife
prétend abfolument avoir le pas fur les Electeurs voyés Amelot *de la Houffaye hift. de
Venife* T. I. p. 91. mais les électeurs alléguent
entre autres l'exemple de 1490. en leur faveur.

e) Vo-

e) Voyés l'ordonnance des Etats généraux de 1635. AITZEMA T. IV. p. 68. 120.

f) PESTEL *commentarii de republ. Batava* § 436.

g) Voyés ce qui eft arrivé 1749. à Vienne MOSER *Verfuch* T. I. p. 65.

h) C'eft ainfi p. e. que la Savoye prétend le rang fur tous les autres princes d'Italie même fur Mantoue, Modene et Parme; que Florence difpute avec Venife etc. Une partie de ces difputes repofent aujourdhui à caufe de la double qualité de quelques uns de ces Princes. Voyés en général ZWANZIG L. I. tit. 43. 49.

i) C'eft ainfi que le Duc de Courlande prétend l'égalité avec les anciens princes de l'Empire etc.

k) Voyés furtout GUNTHER T. I. p. 254 et fuiv. MOSER *Nachbarl. Staatsrecht* L. I. p. 11 et fuiv.

§ 109.

Des moyens d'éviter les difputes de préféance.

Lorsqu'il s'élève de pareilles difputes, qui n'ont pas été reglées encore par quelque traité, ou par un ufage conftant & reconnu *a*), la cour à laquelle il s'agit d'exercer la préféance peut, il eft vrai, favorifer une nation chés elle, mais elle ne peut forcer l'autre à fe foumettre à cette décifion; & pour l'ordinaire elle préféro à

refter

reſter neutre. Pour empêcher que cette
ſorte de diſputes ne s'élèvent, ou que du
moins elles ne nuiſent aux affaires qu'on
veut traiter, & ne donnent lieu à des ſcé-
nes desagréables *b*), on ſe ſert de différens
moyens; ſurtout 1) d'obſerver l'égalité tant
que la préſéance eſt indéciſe, ſoit en alter-
nant dans les écrits, dans les cérémonies,
ſoit en mettant de l'égalité à tout *c*); 2)
de venir incognito, ou d'envoyer des miniſtres d'un rang différent; 3) de s'abſenter
pour ne pas céder, ou de céder en prote-
ſtant, ou en ſe faiſant donner des reverſales.

a) Entre les états ſouverains il n'y a que
les traités et l'uſage qui peuvent décider.
Quant aux états mi-ſouverains de l'Empire
il eſt aſſés douteux ſi l'on peut refuſer entierement à l'Empereur et au conſeil aulique le
droit de décider des diſputes de rang qui
ſeroient portées devant lui. MOSER *von den
kaiſerlichen Regierungsrechten* p. 13. *Nachbarl. Statsrecht* p. 13. voyés GUNTHER T. I.
p. 268. Le Pape ne ſauroit s'arroger aucun
droit à cet égard, lors même qu'il s'agiroit
du rang de princes eccléſiaſtiques.

b) Autrefois on n'en venoit que trop
ſouvent à des voyes de fait pour ſe maintenir
dans ſon rang; ce qui eſt arrivé à Rome au
Concile de Conſtance entre l'Eſpagne et l'
Angleterre, et à Madrit 1661. entre la France
et l'Eſpagne peut ſervir ici d'exemple; aujourdhui la politeſſe de nos moeurs et la dé-

cence des cours femblent s'oppofer à de pareilles violences. Cependant l'hiftoire moderne fournit encore quelque peu d'exemples
ou l'on s'eft fervi de la voye de fait.

CHAPITRE III.
Du commerce.

§ 110.
Du commerce en général.

Le commerce *a*) qui fe fait avec l'étranger
étant un des moyens les plus efficaces pour
augmenter l'aifance, la richeffe & la puiffance même d'une nation, il eft important
d'examiner, quels font les droits des nations à cet égard. Le commerce de nation
à nation a plufieurs branches; il fe fait en
vendant le fuperflu, en achetant le néceffaire, tant en produits, qu'en ouvrages de
manufactures & de fabriques, en achetant
d'une nation pour revendre à d'autres,
(commerce d'économie) ou en tranfportant
feulement les marchandifes entre le vendeur
& l'acheteur, pour gagner au frêt.

a) MELON *effai fur le commerce.* HEI-
NECCIUS *de iure principis circa libertatem commerciorum tuendam*, Halae 1738. BACHOF
AB ECHT *de eo quod iuftum eft circa commercia*

cia inter gentes, Jenae 1730. Böhmer *dé iure principis libertatem commerciorum reſtringendi in utilitatem ſubditorum.* Ele&a iuris civ. T. III. exerc. 19. Bouchaud *théorie des traités de commerce,* à Paris 1777. 8.

§ III.
De la liberté du commerce.

Les hommes étant naturellement obligés à travailler réciproquement à leur bien être, ils ont une obligation générale de faire le commerce enſemble; cependant cette obligation n'eſt qu'impaſfaite; elle n'empêche pas que dans chaque cas particulier *a*) une puiſſance ne puiſſe ſe déterminer d'après ſes intérêts, ſi elle juge à propos d'établir le commerce avec telle autre, en lui vendant ſon ſuperflu ou en achetant d'elle ce qui lui manque. Une nation peut donc y apporter telle condition, telle réſtriction *b*) qui lui convient. Et ſuppoſé même qu'elle ait fait pendant longtems le commerce avec une nation, tant qu'il n'y a point de convention, elle n'eſt pas tenue à le continuer; moins encore à le faire excluſivement avec elle. Il eſt permis cependant de promettre à une nation, de ne point faire le commerce avec telle autre. Mais ce cas excepté, ſi deux nations veulent faire le commerce enſemble, une troiſième n'eſt pas en droit de les en empêcher.

Dans

Dans ce fens la liberté du commerce eſt de droit naturel parfait.

a) Il n'y a que le cas d'une néceſſité abſolue qui peut autoriſer une nation à forcer une autre de lui vendre une partie de ſon ſuperflu. En tems de paix l'humanité des puiſſances de l'Europe ne mettra pas aiſément une nation dans le cas de ſe ſervir de ce droit. On a vu la Ruſſie permettre l'exportation de ſes bleds en Suéde durant la diſette de cet état, lorsqu'elle défendit cette exportation vers d'autres nations.

b) L'établiſſement des douanes, du droit d'étappe et d'autres droits ſemblables ne ſont donc pas contraires au droit rigoureux. L'acte de navigation fait en Angleterre ne l'étoit pas non plus voyés plus bas § 113.

§ 112.
Hiſtoire du commerce.

Dans les ſiècles d'ignorance & de barbarie le Souverain s'occupoit fort peu du commerce des particuliers; on ſait d'ailleurs combien peu le commerce étranger étoit conſidérable en Europe dans les premiers ſiècles après la deſtruction de l'Empire d'Occident. Les défenſes & les reſtrictions qu'on y aportoit, ſe reſſentoient moins de la politique du commerce, que de la haine contre les étrangers *a)* & du mépris pour l'état des commerçans. Mais depuis l'état
floriſſant

floriſſant de pluſieurs villes commerçantes, & ſurtout la puiſſance formidable de la ligue Hanſéatique, & de quelques républiques d'Italie, firent ouvrir les yeux ſur l' importance du commerce; & bientôt la découverte de l'Amérique & de la navigation aux Indes changea totalement la face des choſes. Dès lors toutes les puiſſances commencerent à s'occuper plus ſérieuſement du commerce, & à le conſidérer comme un des moyens les plus efficaces pour augmenter les richeſſes & la puiſſance de leurs états. Quelques uns réuſſirent à s'acquérir des poſſeſſions hors de l'Europe & y fonderent des Colonies preſque uniquement en vue du commerce; d'autres eurent du moins ſoin d'augmenter le commerce de leurs ſujets, & de ſe procurer par le moyen de leurs loix & par des traités, de ſolides avantages ſur d'autres nations, en s'efforçant de maintenir ou d'emporter la balance dans leur commerce avec les autres puiſſances, ſurtout de l'Europe. Aujourdhui les droits les plus importans des nations commerçantes, repoſent ſur leurs traités. Il y a des points cependant qui ſont reconnus généralement indépendamment même de ceux-ci.

a) Schilter *de iure hoſpitii* DIſſ. I. §6. Bouchaud *théorie etc.* p. 15 et ſulv.

§ 113.

§ 113.

Liberté du commerce actuel en Europe.

Généralement parlant le commerce en Europe eſt tellement libre aujourdhui qu' aucune nation ne refuſe entièrement aux ſujets d'une autre nation, lors même qu'elle n'a point fait de traité avec elle, de faire le commerce par ſes poſſeſſions, ou avec ſes poſſeſſions en Europe, & de s'établir chés elle pour cette fin; il n'y a que le cas des repreſſailles, ou de la guerre qui forme ici une exception naturelle. Cependant, entant qu'il n'y a point de traités, chaque puiſſance conſerve le droit naturel d'apporter à ce commerce telle réſtriction qu'elle veut; elle ſe croit donc autoriſée 1) de défendre l'entrée ou la ſortie de certaines marchandiſes; 2) d'établir & d'augmenter les douanes; 3) de preſcrire la façon de laquelle le commerce pourra ſe faire *a*); 4) de marquer les endroits où ſe fera le commerce, ou d'en exemter de certaines parties de ſes dominations *b*); 5) d'exercer librement ſon pouvoir ſouverain ſur les ſujets étrangers qui ſe trouvent chés elle; 6) d'obſerver telle inégalité entre pluſieurs nations qu'elle juge ètre conforme à ſes interèts.

a) Le fameux *acte de navigation* publié ſous Cromwell et confirmé ſous Charles II.

en

en Angleterre ne renfermoit rien qui fût
contraire au droit des gens de l'Europe,
malgré les inconvéniens qu'il emportoit
pour les nations étrangères. Voyés fur cet
acte les réflexions de Mr. Buscit dans les
Hamb. Addreß - Comtoir Nachrichten 1774.
n. 35 et fuiv.

b) C'eft ainfi que le Danemarc ne permet
point aux étrangers de faire le commerce
avec les ifles de Ferroë, avec l'Iflande et les
parties de la Grönlande, qui lui font fujettes.

§ 114.
Du commerce hors de l'Europe.

Mais quant à ce qui concerne le commerce hors de l'Europe; 1) toutes les puiffances qui ont formé des établiffemens hors
de l'Europe, & qui y ont fondé des colo-
nies, fe font approprié tellement le commerce de ces poffeffions *a*), que dans la
régle, celles - ci ne peuvent faire aucun
commerce paffif & peu de commerce
actif avec d'autres Puiffances; de forte que
le commerce n'y eft point libre aux puiffances étrangères, & que même il ne leur
eft pas permis d'aborder ces pays, ou de
paffer avec leurs vaiffeaux fous le canon des
forterefles *b*), en exceptant feulement le
cas d'une néceffité urgente. Il y a cependant quelques endroits, & quelques isles
furtout, où le commerce a été déclaré libre
pour

pour toutes les nations, ou pour quelques
unes *c*). 2) Plufieurs peuples hors de l'
Europe, furtout quelques Rois Indiens, ont
fait des traités avec certaines puiſſances de
l'Europe, en vertu desquels, en leur accordant un commerce excluſif, ils ſe ſont lié
les mains à ne point pouvoir établir le
commerce de nouveau avec d'autres puiſ-
fances. 3) Il y a des exemples *d*) qu'une
puiſſance de l'Europe a promis de ne point
faire, ou de ne point étendre ſon commerce aux Indes. 4) A ces trois reſtrictions
près, le commerce & la navigation aux
Indes *e*) eſt tout auſſi libre à chaque nation,
que l'eſt en général celui qui ſe fait avec
d'autres puiſſances hors de l'Europe; de ſorte
qu'après de vaines diſputes élevées au 16eme
& 17eme ſiècle les puiſſances de l'Europe reconnoiſſent aujourdhui n'avoir aucun droit
de s'oppoſer, à ce qu'une nation commence
à établir nouvellement le commerce *f*) avec
d'autres peuples des Indes dès que ceux-ci
ſont diſpoſés à y donner les mains. Mais
il s'en faut de beaucoup que toutes les puiſ-
fances non chrétiennes hors de l'Europe
accordent aux Européens avec lesquels elles
n'ont point de traités, la même liberté de
commercer avec elles, que les Puiſſances
chrétiennes s'accordent entre elles en
Europe.

a) Soit

a) Soit en le permettant à tous leurs sujets, soit en donnant à des compagnies de commerce des octrois pour exercer exclusivement ou du moins avec de certains avantages une branche de commerce. Voyés sur ces compagnies J. F. L. B. BACHOFF AB ECHT *de eo quod iustum est circa commercia inter Gentes ac praecipue de origine ac iustitia societatum mercatoriarum maiorum.* Et divers octrois chés MOSER *Versuch* T. VII. p. 313 et suiv.

b) Voyés des exemples de contestations sur ce point dans les lettres du chevalier DE TEMPLE, à plusieurs endroits, surtout p. 113 et suiv.

c) MOSER *Nordamerica nach den Friedensschlüssen von 1783* Vol. III. sect. 5. § 27. et suiv. p. 352 et suiv.

d) Voyés ce que le Roi d'Espagne, maitre pour lors des provinces des pays-bas aujourdhui Autrichiennes promit aux provinces unies par l'art. 6. de la paix de Münster. Et la renonciation de Charles VI, après avoir tenté d'établir une compagnie pour le commerce des Indes à Ostende. Traité de Vienne 1731. On peut voir plusieurs écrits pour et contre cette compagnie chés Mr. d'OMPTEDA *Litteratur* T. II. p. 600 et suiv. Voyés encore ce que promit la France au Portugal par l'art. 10. de la paix d'Utrecht; on trouve plus d'exemples encore dans BOUCHAUD *theorie des traités de commerce* p. 202 et suiv.

e) SURLAND *erläutertes Recht der Teutschen nach Indien zu handeln.* 1752. 4.

f) On peut voir sur ce point les écrits publiés à l'occasion de la compagnie des Indes

M établie

établie par le Roi de Danemarc à Altona 1728
dans le *recueil* de ROUSSET T. V. p. I et fuiv.
par le Roi de Suéde 1731. v. ROUSSET *recueil
de mémoires* etc. T. VIII. p. 343 et fuiv. et
furtout les déclarations que les Hollandois
firent à la France 1663. v. *Lettres et négociations* de JEAN DE WITT T. II. p. 566. Les
déclarations remarquables que les Hollandois
et les Anglois firent au Roi de Pruſſe lors de
l'établiſſement de la compagnie des Indes à
Embden 1750. ſe trouvent dans MOSERS *Verſuch* T. VII. p. 44 et fuiv. Les écrits à l'oc-
caſion de l'établiſſement de la compagnie des
Indes à Trieſte 1776. ſe trouvent dans le
Merc. hiſt. et pol. 1776. T. II. p. 53. 328. et
dans MOSERS *Verſuch* T. VII. p. 360 et fuiv.

§ 115.

De la néceſſité des traités de commerce.

La ſimple liberté générale, telle qu'elle
eſt reconnue aujourdhui par rapport au
commerce en Europe étant trop vague pour
pouvoir aſſurer à une nation tous les avantages qu'il lui importe d'obtenir, on a eu
recours aux traités de commerce *a*). Le
nombre de ces traités s'eſt accru conſidé-
rablement furtout depuis le 16ème ſiècle.
Quelle que ſoit la différence de ces traités,
relativement aux conditions qu'ils contiennent, ils roulent pour l'ordinaire ſur ces
trois points, 1) ſur le commerce en tems
de paix, 2) ſur les droits qui auront lieu
dans

dans le cas d'une rupture entre les puiſſances contractantes; 3) ſur le commerce de la
puiſſance contractante qui reſtera neutre
dans le cas où l'autre ſe trouve en guerre
avec une tierce puiſſance.

a) PESTEL *de ſeruitutibus commerciorum.*
MASCOV *de foederibus commerciorum.* BOU-
CHAUD *théorie des traités de commerce,* Paris
1777 8. v. STECK *Handlungsverträge,* Halle
1782. 8. le même: *von den Handlungsverträ-*
gen der türkiſchen Pforte. dans ſes *Verſuche*
1772. n. 16. p. 86. item *von den Handlungs-*
verträgen des Ruſſiſchen Reichs v. ſ. *Verſuch*
1783 n. 10. p. 61.

§ 116.
Théorie des traités de commerce.

Quant au premier point on a coutume
1) de régler en général *a)* le traitement que
les puiſſances accorderont réciproquement
à leurs ſujets par rapport au commerce.
2) d'entrer dans le détail des droits dont
jouiront les ſujets réciproques qui feront
leur ſéjour chés l'autre, tant relativement
à leurs *biens,* ſurtout par rapport aux impôts, au droit d'aubaine, de détraction,
aux ſaiſies &c. que relativement à leurs
droits *perſonnels,* à l'exercice de leur religion, à la jurisdiction, à leurs livres de
commerce &c. 3) de former la ſpécifica-
tion des marchandiſes qu'il ſera permis d'

M 2 impor-

importer ou d'exporter, & les avantages
qu'on accordera relativement aux péages,
aux douanes *b*), au droit d'étappe de naufrage &c.

Quant aux droits qui concernent le cas
d'une rupture entre les puiffances contractantes il importe furtout 1) d'exemter la
perfonne & les biens des fujets, de la faifie.
2) de déterminer le tems qu'ils auront pour
fe retirer avec leurs biens, ou quelquefois
3) de marquer les conditions fous lesquelles
ils pourront refter chés l'ennemi même
dans le cours de la guerre *c*).

Quant aux droits du commerce de la
puiffance neutre il s'agit furtout 1) d'exemter leurs vaiffeaux de l'*Embargo*, 2) de former la lifte des marchandifes de contre-
bande & de régler les peines en cas de con-
trevention; 3) de convenir de la façon
dont fe fera la vifitation fur mer, 4) de
marquer fi le navire couvrira la cargai-
fon *d*) &c.

a) Souvent on fe fert de la claufe: que
l'autre puiffance fera traitée *comme la nation
la plus favorifée;* claufe, dont on fit un premier ufage dans les traités avec les Turcs.
Voyés fur le fens de cette claufe *Réponfe du
Duc de Newcaftle à Mr. Mitchel* 1753. p. 29.
et JENKINSON *difcourfe on the conduct of
Great Brittain* etc. dans le *fupplement to the
collection of treaties.* La claufe que les fujets
de

de l'autre puiſſance ſeront traités tout comme
les nòtres paroit être trop étendue pour avoir
été jamais obſervée. Voyés Mr. DE STECK
Handelsverträge p. 23 et ſuiv.

b) Pour cette fin on joint ſouvent aux
traités de commerce un tarif(*Zolltarif*) dont
la durée n'eſt pas toujours la même que celle
qu'on a fixée pour le traité.

c) v. p. e. le traité entre l'Angleterre et
la France de 1786. art. 2.

d) Il ſera parlé plus au long de ces points
dans le chapitre de la neutralité.

§ 117.
Des Conſuls.

Quelque fois les puiſſances s'accordent,
ſoit par des traités, ſoit par un ſimple uſage *a*), le droit d'envoyer des Conſuls.
On trouve déja des exemples du 12ème ſiècle, où quelques états établiſſoient *chés eux*
des juges particuliers pour les affaires du
commerce, auxquels on donna le nom de
conſuls b). En ſuite quelques puiſſances
ſe ſtipulerent dans leurs traités avec des
états non Chrétiens hors de l'Europe, le
droit d'envoyer chés ceux - ci des conſuls *c*)
pour veiller à l'interêt du commerce de
leurs ſujets, & pour juger leurs cauſes tant
celles qui concernent le commerce, que
même d'autres quelque fois. D'après ces
exemples, les Puiſſances chrétiennes de l'

Europe commencerent auſſi depuis le 15eme
ſiècle à s'entre envoyer des conſuls. Mais
jusqu'à ce jour l'uſage de les recevoir ne
peut pas être conſidéré comme généralement établi. D'ailleurs les droits de ces
conſuls différent de beaucoup d'un état à
l'autre. Presque tous les conſuls qu'on envoye hors de l'Europe jouiſſent d'une jurisdiction ſouvent aſſés étendue ſur les ſujets
de leurs ſouverains. En Europe il y a des
endroits où les conſuls jouiſſent d'une jurisdiction civile plus ou moins limitée ſur
les ſujets de leur ſouverain. Dans d'autres
ils n'ont que la jurisdiction *volontaire* à
exercer *d*), & d'ailleurs leur fonction *e*)
générale eſt de veiller aux interêts du commerce de leur état, ſurtout à l'obſervation
des traités de commerce, & d'aſſiſter de
leur ſecours & de leurs conſeils ceux de
leur nation que le commerce engage de
venir au lieu pour lequel ils ſont nom-
més. Ils ſe légitiment quelque fois par des
lettres de créance mais plus ſouvent par
de ſimples *lettres de proviſion*, & par des
lettres de recommendation; & bien qu'ils
ſoient ſous la protection particulière du
droit des gens, ils ne jouiſſent pas à beaucoup près de tous les avantages. que l'uſage attribue aux Miniſtres, ni pour les immunités rélatives à la jurisdiction *f*), aux
impôts,

impots, à la religion *g*), ni pour les honneurs *h*). De forte que ce n'eft que dans
un fens fort étendu, qu'on peut les ranger
au nombre des Miniftres publics *i*). La
plupart des confuls hors de l'Europe approchent de plus près de la condition des
Miniftres; il y en a même qui font Miniftres en même tems.

On nomme quelque fois des Confuls
généraux pour plufieurs endroits à la fois,
ou bien pour être à la tête de plufieurs
Confuls. Du refte leur fonction ainfi que
celle des Vice-Confuls ne differe guere de
celle des fimples Confuls.

a) C'eft ainfi que la France et la Hollande
étoient convenus expreffément dans leur traité
de 1697. art. 39. et 1739. art. 40. de ne point
s'envoyer des confuls; cependant par un
ufage contraire ces deux puiffances s'en envoyent aujourdhui réciproquement.

b) Comme à Pife, à Lucques, à Venife,
à Gènes, voyés MURATORI *antiq. Ital. medii
aeui* Vol. II. diff. 30. p. 881. 87. 89. Dans
quelques pays on nomme encore aujourdhui
cette forte de juges, *Confuls;* comme en
France; voyés TOUBEAU *inftitutions du droit
Confulaire* 8. *Rogue jurisprudence confulaire*
T. I. II. 8.

b) DE STECK *obferuationes fubfecivae.*
MISLER *ébauche d'un difcours fur les Confuls*
1754. 4. DE STECK *von den Confuln handelnder Nationen,* voyés fes *Verfuche* 1772.

n. 9. p. 120 et fuiv. *Dictionaire du Citoyen* fous le mot *Conful.*

d) Traité entre l'Angleterre et le Danemarc 1664. art. 15. 16. 22. 24. 36. entre le Danemarc et la république de Gênes 1756. art. 4.

e) Sur la fonction des Confuls voyés *Difcours politiques* Tom. III. p. 29. et fuiv. (Fortbonnais) *Recherches et confidérations fur la France* T. I. p. 409. 410.

f) Dans la régle les Confuls en Europe font foumis à la jurisdiction civile du pays où ils font envoyés Bynkershoek *traité du juge compétant des Ambaffadeurs* T. 10. § 5. 6. Wiquefort *le parfait Ambaffadeur* Liv. I. S. 5. à moins qu'ils n'en ayent acquis l'exemtion à titre particulier; voyés les difputes arrivées à Naples 1764. *Merc. hift. et pol.* 1764 et d'autres exemples *Merc. hift. et pol.* 1755. T. II. p. 273. Moser T. VII. p. 843. De Real T. V. p. 65. Mr de Vattel Liv. II. c. 2. § 34. foutient qu'il faudroit les exemter de la jurisdiction criminelle, mais il femble qu'il n'en a pas prouvé la néceffité, bien qu' en beaucoup d'endroits on ne fe refuferoit pas de les renvoyer à leur fouverain, pour les faire punir. Bouchaud *theorie des traités de commerce* p. 150.

g) Il eft rare qu'on accorde aux Confuls le droit qu'ont les miniftres d'exercer le culte de leur religion chés eux. Cependant la chofe n'eft pas fans exemples du moins dans le cas où le miniftre eft abfent pour quelque tems.

h) Quant

h) Quant au rang, les difputes de préféance peuvent avoir lieu pour les Confuls entre eux; mais aucun Conful ne difputera comme tel la préféance aux miniftres, même du troifième ordre.

i) Dans les difputes des Hollandois avec la France après la revocation de l'Edit de Nantes les premiers ont foutenu hautement que leurs Confuls étoient une forte de miniftres publics. Voyés *Memoires d'*AVAUX T. V. p. 171. 210. En accordant qu'ils font fous une protection particulière du droit des gens, il femble que les difputes qui partagent les favans à l'égard de la queftion fi les Confuls font miniftres ou non, concernent plutôt le mot que la chofe. BYNKERSHOEK *du juge competent* chap. 10. § 6. WIQUEFORT T. I. L. 1. S. 5. p. 63. DE REAL T. V. p. 58. leur refufent la qualité de miniftres.

§ 118.

Le commerce fe fait ou par terre ou par mer; on fait que celui qui fe fait par mer eft le plus important. D'ailleurs la mer elle-même fournit des productions importantes pour le commerce. Après avoir traité du commerce il fera donc à propos de nous occuper de la navigation & des droits reçus par rapport à la mer.

CHAPI-

Chapitre IV.

Des droits des nations sur les mers.

§ 119.

Différence de la propriété et de l'empire.

Pour mieux approfondir les droits qui peuvent appartenir à une nation sur la mer, & généralement sur les eaux dont la terre est environnée, il est essentiel de distinguer la propriété, comme étant le droit de jouir & de disposer exclusivement d'une chose, de la domination qu'on a sur elle, ou du droit de se faire obéir & de se faire honorer en souverain de ceux qui s'en servent.

§ 120.

Fondement de la propriété et de la domination.

Originairement toutes les choses, par conséquent aussi la mer & les rivieres étoient communes à tout le monde quant à l'usage *a*) & n'appartenoient en propre à personne. Pour donc pouvoir s'attribuer la propriété d'une chose il faut 1) avoir pu l'occuper légitimement; il faut même surtout avoir une raison justificative pour s'arroger une telle possession exclusive. Et

cette

cette raifon peut fe fonder ou fur l'infuffi-
fance de la chofe, fi l'ufage en refloit commun, ou fur la fûreté de nos propriétés
légitimes qui peut exiger de nous emparer
encore exclufivement de ce dont nous n'
aurions pas befoin par foi-même. 2) il
faut l'avoir occupé effectivement c'eft à-
dire s'en être emparé dans le but de fe l'
approprier; 3) il faut être en état d'en
maintenir la poffeffion.

L'empire peut fe trouver joint à la propriété, (ce qui p. e. a lieu à l'égard des
domaines) mais il peut auffi en être féparé
& s'étendre fur des chofes qui appartiennent
en propre à d'autres, ou qui n'appartiennent à perfonne & qui font encore dans la
communion primitive à l'égard de l'ufage.
Mais tout empire lorsqu'il eft féparé de la
propriété fuppofe le confentement exprès
ou tacite de ceux fur lesquels il doit être
exercé.

a) Sans doute la communion primitive
n'étoit que négative quant à la propriété.
Elle n'empêchoit donc point l'acquifition d'
une propriété particuliere. Mais vu l'égalité
des droits, le bien mutuel des hommes leur
défend de s'arroger la propriété exclufive fur
une chofe qui peut refter commune, fans
que leur ufage et leur fûreté en fouffre.

§ 121.

§ 121.

Des rivières et des lacs.

Lorsqu'une nation s'empare d'un district & qu'elle y fonde son empire, tout ce qui est compris dans ce district appartient à la nation. Les lacs enclavés, les fleuves, les rivieres qui partagent les terres, font donc sujets à la propriété de l'état (ou des particuliers) & à l'empire du souverain. Une nation peut encore légitimement être censée avoir occupé de même les lacs ou les fleuves qui mouillent ses frontieres, & même les avoir occupés jusqu'au rivage opposé. Mais si celui-ci est occupé par une autre nation a), & qu'on ne peut déterminer la quelle des deux a occupé la premiere son territoire, cette nation ayant des droits égaux à ceux de l'autre, on doit présumer dans le cas douteux que les deux nations auroient occupé en même tems & par conséquent qu'elles se soient recontrées au milieu. Chaque nation de son côté a donc le droit de propriété & de domination jusqu'au milieu des lacs & des fleuves limitrophes, tant qu'on n'a pas prouvé le contraire, ou que l'on n'est pas convenu dans la suite d'un autre partage.

a) STRAUCHIUS *de imperio maris* Cap. IV. § 3.　BUDER *de dominio maris Suevici* p. 35.

§ 122.

§ 122.

Des détroits et de la mer voisine.

Ce qui a été dit des rivieres & des lacs a lieu tout de même à l'égard des détroits de la mer qui ne passent pas la largeur ordinaire *a*) des fleuves & des lacs. De même toutes les parties voisines de la mer peuvent être légitimement acquises & maintenues sous la propriété & sous la domination de l'état qui est maitre du rivage.

L'usage généralement reconnu étend les droits du maitre du rivage sur les détroits, & sur la mer voisine en général jusqu'à la portée du canon placé sur le rivage; c. a. d. jusqu'à trois lieues du rivage, & c'est là ce qu'une nation peut prétendre de moins aujourdhui.

a) J'entends ici par largeur ordinaire des fleuves celle dont le milieu peut être atteint par les canons placés sur le rivage.

b) Quelques uns ont eu recours à des determinations arbitraires des distances sur lesquelles le maitre de rivage pourroit étendre ses droits. Voyés LOCCENIUS *de Iure maritimo* dans HEINECCII *scriptores rei marit.* p. 921. BODINUS *de republica* Lib. I. cap. 10 p. 170 (ed. de Paris.)

§ 123.

§ 123.

Des parties plus éloignées de la mer.

Mais une nation ne peut elle pas étendre sa propriété, son empire du moins, au de là de cette distance, sur des fleuves, des lacs, des détroits, des bayes trop larges pour y atteindre par des canons placés sur les rivages opposés; sur de plus grandes parties adjacentes du vaste Océan? Sans doute. Il est possible de les occuper; il est possible de les maintenir à l'aide du local ou d'une flotte; il est permis de le faire, en tant que la sûreté l'exige. L'empire peut même s'étendre aussi loin qu'il a été reconnu par le consentement des nations, & au de là de la propriété. Il reste donc à examiner s'il y a de plus grandes parties de la mer en Europe qui soient reconnues pour être sujettes à la propriété ou surtout *a*) à la domination de telle nation en particulier. Or parmi les mers adjacentes, les détroits, les bayes, les golfes, il y en a qui sont généralement reconnus pour libres, il y en a d'autres qui sont généralement reconnus être soumis à l'empire & en partie même à la propriété d'un état (*clausa*); il y en a d'autres enfin sur l'empire & la propriété desquels on dispute jusqu'à ce jour.

a) **La question la plus importante c'est celle de la domination; la propriété entiere n'étant**

n'étant exigée aujourdhui que par peu de
nations fur toute l'étendue des mers dont elles prétendent avoir l'empire.

§ 124.
Des parties de la mer etc. reconnues
libres ou fujettes.

1) On reconnoit généralement comme
libres: la mer d'Efpagne, la mer d'Aqui-
taine, la mer du Nord, la mer Blanche, la
mer Méditerranée, le détroit de Gibraltar.
2) On reconnoit les trois détroits entre le
Danemarc & la Suéde pour foumis à la
propriété & à la domination du Roi de
Danemarc, le Canal de St. George entre
l'Ecoffe & l'Irlande ètre foumis à la Grande-Bretagne, le détroit de Sicile foumis
au Roi de Sicile, le Golfe de Bothnie foumis au Roi de Suéde, la mer Noire ainfi
que la mer Egée, le Bofphore de Thrace,
Propontis & l'Hellefpont comme étant foumis à la Turquie.
3) Enfin l'on difpute I) à l'Angleterre a)
la prétenfion qu'elle formé fur l'empire,
& en partie fur la propriété des quatre mers
qui l'environnent, & furtout du Canal Bri-
tannique & du Pas du Calais. II) On
contefte la domination de la mer Adriatique b) que prétend la république de Venife, III) & celle de la mer Liguftique c)
que

que prétend la république de Gènes. Enfin IV) on a difputé plus d'une fois fur l'Empire de la mer Baltique *d*).

a) SELDENI *mare claufum. The fovereignity of the Britifh Seas in the year* 1633 *proved by records etc.* by JOHN BOROUGHS, Lond. 1651. 12. G. WELWOOD *de dominio maris*, Hagae 1653. 4. C. van BYNKERSHOEK *diff. de dominio maris*, Hagae 1703. 8.

b) J. PALATII *leo maritimus f. de dominio maris contra Graswinckelium*, Ven.1663.

c) P.B. BURGI *de dominio reipublicae Genuenfis in mari Liguftico*, Rom. et Bon.1641. 4.

a) *Mare Balticum*, i. e. hift. deductio vtri regum Daniae ne an Poloniae praedictum mare fe defponfatum agnofcat, 1638. 4. *Anti Mare Balticum*, 1639. 4.

§ 125.
De l'Océan.

Mais quant au vafte Océan & aux quatre grandes mers qui le compofent 1) l'énorme étendue de chacune de ces mers & en particulier de celle des Indes fur laquelle on a le plus difputé, met non feulement de la difficulté à l'occuper, mais elle met toutes les puiffances de l'Europe hors d'état d'en maintenir & d'en défendre fuffifamment la poffeffion; & furtout le défaut d'une raifon juftificative en rendroit la propriété illégitime. Ni le droit du

premier

prémier venu ni la donation du Saint Pere,
ni la prefcription n'a pu exclure les autres
nations de cette communion d'ufage qui
devoit fe conferver *a*). La domination feule
pourroit avoir lieu dans la théorie, mais
elle n'a jamais été reconnue par les nations
appartenir à aucune autre de l'Europe. Le
Grand Océan eft donc entierement libre, *b*)
il doit l'être & même après de vaines prétenfions que formerent furtout les Portugais
à ce fujet au 16ᵉᵐᵉ & au 17ᵉᵐᵉ fiècle toutes
les puiffances de l'Europe reconnoiffent aujourdhui l'Océan & la mer des Indes pour
libre *c*) exemte de propriété & de domination proprement dite, *d*) & commune à l'
ufage de toutes les nations. Cependant on
peut renoncer à la liberté d'y naviger. *e*)

a) Sur cette queftion fi illuftrée de la
liberté de la mer. voyés furtout GROTIUS
mare liberum feu de iure quod Batavis compe-
tit ad Indica commercia, Lugd. B. 1609 etc.
Jo. SELDENI *mare claufum feu de dominio ma-*
ris Lib. II. Lond. 1635. fol. dans fes oeuvres
T. II. PESTEL *felecta cap. iur. gent. maritimi*,
Lugd. B. 1786. 4.

b) Cependant il y a hors de l'Europe
ainfi qu'en Europe quelques parties confidé-
rables d'une des quatre mers qui forment l'
Océan fur lesquelles quelqu'une des nations
de l'Europe prétend la propriété ou la domination; voyés MOSER *Nordamerica*. T. III.

c) Vo-

c) Voyés les déclarations alléguées plus haut § 114. not. *f*.

d) Bien qu'on difpute encore quelque fois fur les honneurs maritimes; voyés le § 133.

e) Voyés les exemples qu'allégue Bou-CHAUD p. 202.

§ 126.
Diverfité des droits qui s'exercent.

L'effet de ces droits diffère encore de beaucoup d'après qu'une nation ou s'attribue tous les effets de la propriété & de l' empire, ou qu'elle ne demande que l'empire, ou enfin qu'elle fe contente à demander les honneurs maritimes.

§ 127.
Effet des droits fur les fleuves et les lacs.

D'abord les fleuves & les lacs *a*) fervant tant à la navigation qu'à la pèche & à la perception d'autres émolumens, les puiffances maitreffes du rivage feroient en droit de s'en approprier exclufivement tout l' ufage. Auffi pour l'ordinaire défendent-elles la pèche aux étrangers. Mais quant à la navigation 1)une telle défenfe donnant facilement occafion à des retorfions; 2)
étant

étant contraire à la liberté du commerce
généralement introduite en Europe, on permet aujourdhui en tems de paix aux étrangers la navigation & le paffage par des fleuves étrangers *b*) ; cette liberté fe fonde même en partie fur des traités, & quant à
quelques états mi-fouverains fur des loix *c*).
Toutefois tant qu'elle ne repofe que fur l'
ufage elle n'empêche pas de faire des reftrictions quelconques, & d'exercer fur ces
parties fujettes tous les droits de la domination fouveraine.

a) Sur le lac de Conftance voyés BUDER
de dominio maris Suevici vulgo *lacus Boda-
mici*, Jenae 1742. 4. auquel on a joint une
déduction fous le titre: *Warum dem höchft-
löblichen Erzhaufe Oeftreich von dem hochlöb-
lichen Schwäb. Crayß etc. das fogenannte und
neuerlicher Dingen prätendirende Dominium
maris weder in petitorio noch poffefforio einge-
ftanden werden könne 1711.*

b) Voyés une exception dans la paix de
Munfter 1648. art. 14. et le traité de 1785.
entre l'Autriche et les provinces unies.

c) J. P. O. art. 9. § 1. 2. la Capitulation
Impériale art. 8. § 7.

§ 128.
De la mer voifine.

De même les petites parties de la mer
tant celles qui font enclavées en partie par

le territoire tel que les ports, les petits golfes &c., qu'en général celles qui fe trouvent fous la portée du canon placé fur le
rivage, ou à la diftance de 3 lieues, font tellement affujetties à l'empire & à la propriété
du maître de rivage, que 1) celui-ci a un
droit exclufif fur toutes les productions tant
ordinaires qu'accidentelles de la mer en tant
qu'il s'agit de chofes deftituées de propriétaire; 2) qu'il eft le maître de défendre ou
de reftreindre la navigation des étrangers fur
fa rade, & leur entrée dans fes ports *a*).
Cependant on permet ordinairement cette
entrée en tems de paix aux navires marchands, & même fouvent en vertu des traités à un certain nombre de vaiffeaux de
guerre (§ 63. n.*g*). 3) Il peut par conféquent
fe faire payer des impôts pour la liberté
de l'entrée, du paffage, du féjour &c. il
peut établir des péages pour les frais qu'
exige le bien de la navigation. 4) il peut
prétendre les honneurs maritimes que l'ufage
attribue à ceux qui tiennent l'empire naval;
& en général ces parties voifines de la mer
doivent être cenfées former partie du territoire du fouverain maître du rivage.

a) On doit diftinguer trois fortes de
ports: ports *fermés*, ports *ouverts*, ports
francs; voyés la lifte des ports francs en Europe chés MOSER *Verfuch* T. VII. p. 730. et
la

la définition que le miniftère François en a
donnée, *Nouvelles extraordinaires* 1784. n.
79 *fupplement.*

§ 129.
Droit de naufrage.

Cependant l'on ne fauroit attribuer au
maitre du rivage le droit de s'approprier
les débris d'un naufrage, ni les biens que
le danger a engagé à jetter dans la mer.
Ce prétendu droit de naufrage *a*) *(Stränd-
recht)* contraire à la rigueur de la loi naturelle *b*) étoit exercé autrefois presque généralement en Europe; l'ufage en a été
reftreint en fuite furtout depuis le 13ème
fiècle *c*) par des priviléges, par des loix &
par nombre de traités *d*) de forte qu'on
peut le confidérer aujourdhui comme généralement aboli en Europe, & que s'il
en fubfifte encore quelques reftes dans peu
d'endroits *e*), ce n'eft que contre ceux-ci
qu'on s'en fert par voie de retorfion *f*).

a) J. SCHUBACK diff. *de iure littoris*, Gott.
1750. qui fut fuivie d'un excellent traité fur
cette matiere fous le titre: *Commentarius de
iure littoris*, Hamb. 1751. fol. T. I. La traduction allemande a été faite à Hambourg
1767. et c'eft à celle-ci qu'on a joint un
fecond Tome 1781. qui contient les piéces
juftificatives. Voyés auffi fur cette matiere
DREYER *fpecimen iuris publici Lubecenfis circa inhumanum ius naufragii.* Depuis il a

paru

paru J. B. Forsteni *de bonis naufragorum*, Gröningae 1776. 4. Rainutii *de iure littoris liber singularis*, Luccae 1778. 8.

b) Schuback § 29.

c) Beckers *Lübeckische Geschichte* T. I. p. 175. 180 202. Dähnert *Sammlung Pommerischer Gesetze* L. III. p. 14.

d) P. e. 1343. entre le Danemarc et la Suéde. du Mont T. I. P. II. p. 223. 1495 entre l'Angleterre et l'Espagne et dans une foule de traités surtout du 17ème siècle.

e) Schuback § 30.

f) C'est par une raison bien différente qu'on peut se permettre encore aujourdhui de s'emparer de ces sortes de biens appartenans à des Pirates, ou à des ennemis légitimes. Cependant dans le dernier cas on céde quelque fois aux sentimens de générosité.

§ 130.

Droit de sauver les biens du naufrage.

Toutefois le maitre du rivage en se chargeant de faire ramasser *a)* & de conserver les débris que la mer lui amène & de faire sauver les biens d'un vaisseau qui se trouve en danger, est en droit de se faire payer ces frais & cette peine, & de retenir même dans cette vue une partie des biens qui ont souffert le naufrage pour obtenir son indemnisation *a)*. Ce droit (*ius colligendi naufragium, Bergrecht*) est exercé

par

par tout aujourdhui avant que de restituer
le reste à ceux qui dans le tems marqué
pour la prescription viennent réclamer
leur propriété & se trouvent en état de la
prouver. Le terme de la réclamation est
fixé presque partout à une année *c*) à com-
pter du jour où le propriétaire étoit infor-
mé du malheur.

a) Ce droit de ramasser appartient encore
au souverain et à ceux qu'il en a chargé. Les
étrangers n'ont pas droit d'y concourir et l'on
s'est vu forcé de les exclure, afin de prévenir
autant qu'on peut les pillages.

b) J. H. BÖHMER *de seruatido*, Halae
1743. 4.

c) SCHUBACK § 39. voyés p. e. le traité
entre le Danemarc et la Suéde 1748. art. 24.
entre le Danemarc et la république de Génes
1756. art. 33.

§ 131.
Droits sur les détroits de mer.

Les droits qui ont lieu en général sur
les parties voisines de la mer ont aussi lieu
sur les détroits de mer qui ne passent pas
la portée de deux Canons opposés. C'est
pourquoi le Roi de Danemarc possédant
la propriété & l'empire sur la partie navi-
gable *a*) du Sund, y prétend non seulement
les honneurs maritimes mais encore il se

fait

fait payer la liberté & la sureté du paſſage
en levant une Douane *b*) dont les différens
traités avec les étrangers marquent aujourdhui l'étendue.

a) Bouchaud *thlorie des traitls* p. 105.

b) v. Steck *vom Sundzoll* dans ſes *Ver-*
ſuche p. 39.

§ 132.
Effet des droits ſur les mers adjacentes.

Quant à l'effet des droits prétendus ſur
les mers adjacentes

1) l'Empereur Turc exerce tellement ſon
droit d'empire & de propriété ſur la mer
noire qu'il n'y permet pas même l'entrée
& la navigation à aucune nation à laquelle
il ne l'a pas accordé par des traités *a*).

2) Le Danemarc voulant étendre ſon
empire & ſa propriété ſur les mers adjacentes de l'Islande & de la Grönlande à la di-
ſtance de 4 miles de l'Isle d'islande & de
15 miles de la Grönlande prétend y exclure
tous les étrangers de la pêche & de la
navigation.   Cependant ce droit lui eſt
conteſté par pluſieurs nations ſurtout par
les Provinces unies *b*) quant à ce qui concerne la pêche.

3) La Grande-Bretagne prétendant la
propriété *c*) & l'empire ſur certaines parties
des

des quatres mers qui l'environnent, l'empire fur des diftricts plus éloignés *d*), & les honneurs maritimes dans toutes les mers, a été fouvent en conteftation avec les puiffances étrangères lesquelles en exceptant celles qui ont fait des traités *e*), ne voudroient lui accorder que ce qui appartient à toute nation qui eft maitreffe du rivage.

4) La république de Venife prétend l'empire, furtout les honneurs maritimes fur toute la mer Adriatique; mais les autres états voifins de cette mer la lui conteftent, & dans les tems plus récens, elle n'a plus guere été en état d'en maintenir la poffeffion; une cérémonie ne fauroit la conferver.

5) La république de Gênes n'a plus affés de forces navales pour fe faire rendre les honneurs maritimes qu'elle prétend fur toute la mer Liguftique.

6) Après plufieurs difputes fur l'empire, furtout fur les honneurs maritimes à rendre fur la mer Baltique, quelques états voifins de cette mer font convenus de fe rendre réciproquement les honnéurs dans certains diftricts, & de les omettre réciproquement dans tous les autres *f*).

a) Après plufieurs tentatives inutiles la Ruffie obtint enfin cette liberté de la navigation et du commerce fur la mer noire par le

N 5　　　　　　　traité

traité de 1774. Cependant depuis de nouvelles difputes fe font élevées et les conventions de 1779. et le traité de 1783. n'ont pu les applanir entierement; voyés fur ce point Busch et Ebelina *Handlungsbibl.* T. I. St. 2. p. 186.   A l'exemple de la Ruffie l'Autriche obtint la liberté du commerce fur la mer noire par des lettres patentes du l'evr. 1784.

b) Voyés l'hiftoire de ces difputes chés Moser *Verfuch* T. VII. p. 678. et furtout Pestel *fel. cap. iur. gent. maritimi.*

c) C'eft ainfi que l'Ang'eterre a prétendu plus d'une fois pouvoir exclure les nations étrangères, particulierement au 17ᵉᵐᵉ fiécle les Hollandois, de la pêche des harangs jusqu'à la diftance de 10 miles de fon rivage; mais enfin elle a accordé la liberté de cette pêche furtout aux Hollandois par le traité de 1667. voyés en général fur ces difputes *allgemeine Gefchichte der vereinigten Niederlande* T. IV. p. 244. 444. T. V. p. 124. 459. T. VI. p. 21. 95. 107. 253. et les ecrits allégués §124.

d) C'eft ainfi que l'Angleterre non feulement prétend les honneurs maritimes dans les mers qui l'environnent, mais encore qu' elle a prétendu quelquefois marquer les diftances dans lesquelles les ennemis feroient obligés de refpecter la neutralité de ces mers, voyés Seldeni *mare claufum* cap. 22.

e) Comme l'ont fait les Hollandois par les parties de la mer marquées dans le traité de 1667.

f) Voyés le traité de 1730 entre la Ruffie et le Danemarc, et la paix d'Abo 1743 entre la Ruffie et la Suéde.

§ 133.

§ 133.

Des honneurs maritimes.

Les honneurs du falut maritime *a*) auxquels l'ufage attache un fi grand prix que
leur refus a donné fouvent lieu à des voyes de fait quelquefois même à la guerre *b*)
confiftent *c*) 1) à faluer du *canon;* et fur
ce point il faut déterminer qui faluera le
premier à quelle diftance, de combien de
coups *d*), & fi le falut fera rendu coup
pour coup; 2) à faluer du *pavillon* ou de
la *flâme* en l'embraffant, l'amenant, ou en
le baiffant entierement, 3) à faluer des *voiles* en baiffant les hunniers à demi mât.
Ce dernier falut à lieu furtout pour les
navires marchands, mais on en trouve auffi
des exemples pour des vaiffeaux de guerre.

a) Sur l'origine de cet ufage voyés Bou-
CHAUD *théorie des traités de commerce* p. 411
et fuiv.

b) Voyés des exemples chés ENGEL-
BRECHT *de feruitutibus iuris publici* Sect. 1.
§ 5. p. 42.

c) On peut voir fur cette maniere J. SI-
BRAND *de velorum fubmiffione,* Roftock 1674.
4. C. v. BYNKERSHOEK *quando et quorum
nauibus praeftanda fit reuerentia.* Quaeft. iur.
publ. L. II. c. 21. J. J. MOSER *Abhandlung
von dem Flaggen- und Seegelftreichen,* voyés
fes *vermifchte Abhandlungen aus dem Völkerrecht* n. 6. F. C. v. MOSER *Abhandlungen von
dem*

*dem Seegelstreichen und Schiffsgruß nach den
Grundsätzen und der Praxi der Völker* voyés
ses *kleine Schriften* T. IX. p. 287. T. X. p.
218. T. XII. p. I.

d) Presque tontes les puissances de l'Europe saluent par un nombre impair de coups
3, 5, 7, etc. Il n'y a que la Suéde qui salue
ordinairement par un nombre pair de coups.

§ 134.
Des honneurs sur les mers sujettes.

Or toutes les puissances tant les états
monarchiques que les républiques exigent
que tous les vaisseaux étrangers, quel que
soit leur nombre & leur qualité 1) saluent
du canon & du pavillon tant avant d'entrer
dans leur port, qu'en passant sous les canons
de leurs forteresses; sur quoi la forteresse
rend aux vaisseaux de guerre le salut ou
coup pour coup, ou bien après que le salut
est fini par plus ou moins de coups d'après
la qualité des vaisseaux. 2) que venant ou
se trouvant sur une partie de la mer sujette
à leur empire on y salue leurs vaisseaux
de guerre du canon & même du pavillon.
Ces points sont aussi assés généralement
reconnus. Cependant 1) l'Angleterre & à
son exemple la France ne veut pas accorder cet honneur à toutes les républiques *a*)
elle demande que les républiques fassent le
premier salut du canon à son vaisseau amiral.

ral, 2) on fent combien les difputes fur l'
empire ou la liberté de certaines parties de
la mer *b*) peuvent faire naitre ici de conteftations.

a) Ordonnance de Louis XIV. pour les
armées navales 1698. L. III. Tit. 1. art. 2. 3.

b) On a difputé furtout à la Grande Bretagne les honneurs qu'elle prétend fur les
quatre mers dont elle eft environnée. On
peut voir de fréquens exemples de ces difputes chés MOSER l. c. Il n'y a que les Provinces unies qui lui ont accordé le plus
haut degré d'honneurs maritimes dans l'
étendue des mers marquée par la convention
de 1667. art. 13. 1674. art. 4. laquelle eft
confirmée par le traité de 1783. voyés auffi
PESTEL *fel. cap. iuris gentium maritimi* §7.

§ 135.
Honneurs maritimes dans les mers
libres ou neutres.

Dans les parties de la mer reconnues
pour libres ou appartenantes à une tierce
puiffance il n'y a, généralement parlant,
aucune obligation pour les vaiffeaux de
guerre de deux puiffances, à fe faluer, &
fouvent le falut s'omet entierement. Cependant 1) il eft d'ufage qu'un vaiffeau qui
ne porte qu'une flâme (p. e. un vaiffeau
Capitaine) falue le premier du canon un
vaiffeau qui porte pavillon d'amiral; le falut

lut achevé, l'amiral le lui rend par 6 coups de moins, le Viceamiral par 4 de moins, & le Contreamiral par 2 de moins. 2) Un vaisseau détaché salue le premier une escadre ou une flotte qu'il rencontre *a*). 3) Les vaisseaux royaux exigent que si un vaisseau d'une république les salue il doit amener aussi son pavillon ou sa flâme, ou plutôt ne pas saluer. 4) L'Angleterre & à son exemple la France demandent que dans toutes les mers leur amiral soit salué le premier par les vaisseaux de toutes les autres puissances tant par le canon que par le pavillon *b*).

a) Entre les vaisseaux de même rang et de même nombre il n'y a point de régle, et les mêmes disputes qui ont lieu relativement à la préséance peuvent avoir lieu ici à moins qu'on ne convienne de ne pas saluer. Toutefois ce salut n'est en général et en exceptant les prétensions de quelques puissances, qu' affaire de politesse.

b) Ordonnance de Louis XIV. 1689. L. III. tit. I. art. 5.

§ 136.
Salut extraordinaire.

Quelquefois l'honneur du premier salut par le canon est accordé à des personnes de distinction qui se trouvent sur le vaisseau, à un Souverain, à un Prince du sang, à
un

un Ambaſſadeur. Mais ce point même n'a pas toujours été à l'abri de conteſtation *a*).

a) C'eſt ainſi que la république de Gênes refuſa le premier ſalut au vaiſſeau deſtiné à transporter la promiſe de l'Empereur dans ſon port; voyés KHEVENHULLER *annales* T. XI. p.956.

§ 137.
Salut des navires marchands.

Les navires marchands lors même qu' ils ſont armés ſont obligés de ſaluer tous les vaiſſeaux de guerre, les forttereſſes & les ports, tant du canon, que du pavillon marchand, & des voiles.

§ 138.
Moyens de prévenir les diſputes.

Pour prévenir les diſputes qu'on n'a point décidées par des conventions, on convient quelquefois d'omettre le ſalut, ſoit pour une fois *a*), ſoit pour toujours *b*), ou bien par des inſtructions données aux officiers de la marine on les diſpenſe d'uſer de rigueur envers des puiſſances amies.

a) P. e. entre l'Angleterre et la Hollande 1692. voyés DU MONT T. VII. P. II. p. 310.

b) Voyés relativement au ſalut ſur la mer Baltique le traité entre la Ruſſie et le Danemarc de 1730. ROUSSET *ſupplement. au corps dipl.* T. III. p. 285. entre la Ruſſie et la Suéde, le traité d'Abo 1743. v. MOSER *Verſuch* T. X. P. II. p. 491.

LIVRE

LIVRE V.

Des droits relatifs à la personne et à la famille des Souverains.

§ 139.
Confidération générale.

Les rapports multipliés qui fe trouvent établis entre la plupart des Souverains de l'Europe Chrétienne, les liens du fang & de l'amitié qui les uniffent & qui femblent permettre de les confidérer presque comme une feule famille; la reffemblance des moeurs & le goût pour le fafte & la magnificence des cours, ont donné lieu à une infinité de marques de politeffe d'amitié & d'eftime que les Souverains ont coutume de fe donner; & il femble qu'en traitant du droit des gens de l'Europe, l'on ne doive pas les paffer fous filence, bien que la plupart de ces ufages concerne moins les nations que la perfonne du Souverain & fa famille, & qu'ils ne produifent d'autre obligation que celle que la décence peut impofer. On les obferve même entre ennemis en fuivant ce principe, que la guerre ne ne brouille que les états, fans porter atteinte aux fentimens perfonnels des Souverains pour les autres.

§ 140.
Des notifications.

C'eft ainfi qu'il eft d'ufage entre les Souverains de fe notifier les évènemens importans foit triftes foit agréables qui arrivent au Souverain & à fa famille, tel que le décès du Souverain de fon époufe ou des Princes & Princeffes du fang; l'avènement au throne, les mariages *a*), les groffeffes, la naiffance de leurs enfans, les victoires &c. Ces notifications fe font ou par écrit, ou par un miniftre ordinaire ou extraordinaire; on y répond par un compliment rendu entre égaux de la même façon; quelquefois par des témoignages plus marqués de la part qu'on a pris à la nouvelle p. e. en mettant le deuil *b*) pour plus ou moins de tems d'après les circonftances, en tenant des obféques folemnelles, en donnant des fêtes, en faifant des actions de graces à Dieu &c.

a) Au moment de la rupture des négociations de paix entamées entre l'Angleterre et la France, le Roi d'Angleterre fit notifier fon mariage au Roi de France, et celui-ci lui fit témoigner avoir pris la part la plus fenfible à cette nouvelle. v. *Memoires hiftoriques*

O *des*

des négociations de 1761. p. 181 et fuiv. (ed; in 8.)

b) Louis XIV. porta le deuil pour l'Empereur Léopold et pour Joseph I. qui moururent au milieu de la guerre, et Charles VI. étant en guerre avec Louis XIV. ne manqua point à lui tenir des obféques follemnelles après fa mort.

§ 141.
De l'ufage d'inviter à être parreins.

Les Souverains, furtout ceux qui font alliés par le fang ont coutume de s'inviter réciproquement pour tenir leurs enfans fur les fonds du batème. Dans le choix de ces parreins l'on n'a plus aujourdhui les mêmes égards qu'autrefois à la parité de religion *a*). Du refte les Souverains étrangers étant rarement dans le cas de paroître en perfonne à cette cérémonie, ils fe font reprefenter par un miniftre, ou quelquefois par la perfonne dont le pere de l'enfant a fait choix en les invitant. En Allemand & quelquefois en Latin cette cérémonie donne lieu au titre de parrein (*Gevatter*) dans les écrits entre égaux ou à un inférieur; en François ce titre n'eft pas reçu.

a) Henry IV. eft peut être le premier Roi catholique qui ait invité une Princeffe proteftante, la Reine Elifabeth, pour marreine.

relne. Au batème de Pierre ſecond on a vu
un Prince catholique, Charles VI, un Prince
de la religion Grecque, Pierre I, un Prince
réformé George I. et une Princeſſe luthe-
rienne, la Ducheſſe douairiere de Bronſwic;
voyés Moser *von den Gevatterſchaften grof-
ſer Herren*, dans ſes *kleine Schriften* T. I, p. 291.

§ 142.
Des préſens.

Souvent on voit les Souverains ſe régaler réciproquement de préſens. Sur ce
point l'on doit diſtinguer 1) les préſens qui
ſont dûs en vertu d'une promeſſe faite dans
un traité *a*); 2) ceux qui ſans être dûs ſe
font cependant annuellement *b*) ou auxquels
on ne manque pas aiſément à de certaines
occaſions *c*); 3) enfin ceux qui ſont ab-
ſolument arbitraires.

a) V. p. e. la paix de Belgrade 1739. art.
20. En général ce point eſt aſſés reçu dans
les traités paix qu'on fait avec les nations
barbares hors de l'Europe.

b) P. e. le Roi de Danemarc, et le grand
maitre de Malthe envoyent annuellement des
faucons au Roi de France. — Les préſens que
quelques puiſſances de l'Europe font aux Afri-
cains ont preſque la nature d'un tribut.

c) P. e. les langes conſacrés que le Pape
envoye aux Reines catholiques Romaines durant leur groſſeſſe, les préſens que font les
parreins, dumoins à l'ordinaire etc.

§ 143.
Des ordres.

La plupart des Souverains *a*), plusieurs
républiques *b*) & même un bon nombre
de Princes mi-souverains de l'Allemagne *c*)
ont établi des ordres *d*) à leur cour dont
ils décorent non seulement leurs sujets qu'
ils veulent recompenser, ou les sujets de
quelque autre Prince qu'ils veulent distinguer; mais encore les Souverains & les Princes se les entre envoyent, de sorte que les
premiers ordres des Rois font portés affés
fréquemment par des Rois, par des électeurs
& par des Princes étrangers. Les statuts
de l'ordre décident jusqu'à quel point deux
ordres peuvent se porter conjointement.
S'ils font incompatibles on croit qu'il est
permis de renvoyer le moins estimé *e*).
Il est très permis à une puissance d'établir
un ordre du même nom que l'est celui d'
une autre, mais le droit de conférer un
seul & même ordre peut donner lieu à des
disputes *f*).

a) Parmi les têtes couronnées il n'y a
que l'Empereur comme tel, le Roi de Bohême qui n'ont point fondé de pareils ordres.

b) La république de Venise a établi l'
ordre de St. Marc et celui de l'Etole d'or, la
république de Gênes celui de St. George.
Les provinces unies et les Suisses n'en ont
point établi.

c) Par-

c) Parmi les anciens Princes séculiers de l'Allemagne il n'y a que l'électeur de Bronfwic-Lunebourg, plusieurs Princes de Saxe, celui de Bronfwic et le Duc de Meclenbourg qui n'ont jamais établi de tels ordres; voyés MOSER *Verfuch* T. II. p. 495.

d) Voyés le catalogue des ordres chés RAMMELSBERG *Befchreibung aller Ritterorden*, Berlin 1744. *Abbildung und Befchreibung aller hohen Ritterorden*, Augsb. u. Leipz. 1772. 12. mais l'un et l'autre de ces ouvrages font très-imparfaits.

e) Dumoins c'eft là l'opinion de Mr. MOSER *Beiträge* T. II. p. 549; il femble cependant ne l'avoir pas prouvé.

f) C'eft ainfi que l'Efpagne et l'Autriche fe difputent encore aujourdhui le droit de conférer l'ordre de la Toifon d'or et l'un et l'autre le confére de fon côté. Cette difpute qui s'éleva après la mort de Charles II. Roi d'Efpagne n'a pu être terminée ni au congrès de Cambrai, ni à la paix d'Aix la Chapelle. Voyés AYRER *magnum magifterium ordinis aurei Velleris*, Gott. 1748. 4.

§ 144.
De la reception des Princes étrangers.

Le cérémonial des différentes cours de l'Europe quoique affés varié en bien des points eft affés reffemblant dans une infinité d'autres, & furtout il y a bien de la reffemblance dans la reception qu'on fait aux Princes étrangers & à leurs miniftres.

O 3 La

La reception des premiers diffère naturellement d'après le rapport qui se trouve
entre celui qui fait la visite & celui qui la
reçoit. Parmi les marques d'amitié & de
distinctions qu'on donne à des Souverains
étrangers on peut ranger particulierement
celle d'aller à leur rencontre, de les saluer
des honneurs militaires, de quiter le deuil,
de leur accorder la préséance (entre égaux),
de donner les fêtes & les réjouissances en
leur honneur, de les régaler de présens,
quelquefois de faire prier pour eux à l'é-
glise, de les défrayer &c. Les difficultés du
cérémonial à observer dans ces occasions &
les frais qui en résultent réciproquement, ont
contribué à faire naitre l'usage pour les
Souverains de voyager *incognito.* Dans ce
cas là il n'y a plus rien de fixe relativement aux honneurs qu'ils peuvent prétendre,
& la rigueur plus ou moins grande de cet
incognito dépend des arrangemens particuliers qu'on a soin de prendre quelquefois même d'avance.

§ 145.
De l'usage de complimenter les Princes
à leur passage.

De même lorsqu'un Roi ou un Prince
souverain ne fait que passer par le territoire
d'un autre, & quelquefois même lorsqu'il
ne

ne paffe que dans le voifinage, il eft d'u-
fage de lui faire quelques politeffes furtout
d'envoyer le complimenter; mais on fent
combien tout dépend ici des circonftances,
& qu'il ne peut pas être queftion à ce fujet
d'une obligation parfaite *a*).

a) Cependant Pierre I. fit des reproches
amères à la Suéde de ce qu'on ne l'avoit point
défrayé, ni affés diftingué lorfqu'il paffa *incognito* dans la fuite de fa propre ambaffade
par Riga. Voyés les pièces qui s'y rapportent chés LAMBERTY T. I. p. 125. 148.

§ 146.
Exterritorialité accordée aux Princes fouverains.

C'eft par un ufage généralement reçu
plutôt que par une obligation fondée dans
le droit naturel rigoureux *a*) que les Rois
& les Princes fouverains font cenfés emporter avec eux leur fouveraineté partout
où ils pourroient aller, de forte qu'on les
exemte de la jurisdiction civile & criminelle de l'état auprès duquel ils font du
féjour, & qu'à cet égard ils jouiffent de l'
exterritorialité. Cependant 1) ils faut qu'
ils ne viennent pas en fecret *b*) (bien
qu'ils puiffent venir *incognito*); 2) qu'ils
foient encore dans la poffeffion de la fouveraineté, ou dumoins en droit d'y préten-

O 4   die

dre *c*); 3) qu'ils ne fe foient pas foumis à
l'état en entrant au fervice p. e. militaire du
Prince *d*).   4) Suppofé qu'un tel Souverain
commette un crime qui bleffe immédiatement la fureté de l'état, non feulement on
eft en droit de le faire fortir, mais il eft
permis en général d'agir contre lui comme
contre un ennemi de l'état *e*).

En vertu de cette exterritorialité on
accorde auffi à un fouverain étranger le
droit d'exercer une jurisdiction *civile* fur les
gens de fa fuite; mais on ne fauroit foutenir qu'il fût en droit d'exercer tous les
différens actes de l'autorité fouveraine *f*).

a) Les avis font partagés fur cette queftion favoir, fi l'exterritorialité des Souverains
eft de droit naturel. PUFFENDORF d. d. l. n.
L. 8. c. 4. n. 21.   BYNKERSHOEK *de Iudice
competente legatorum* c. 3. § 13. c. 9. § 10.
NEUMANN *de proceffu iudiciario in caufis principum* § 46.   STRUBE *Rechtliche Bedenken* T.
III. p. 47. l'affirment, mais HELMERSHAUSEN
*de fubiectione territoriali perfonarum imprimis
illuftrium* § 26.   COCCEJUS *de legato fancto
non impuni* c. 2 § 16. 17. et *de fundata in
territorio et plurium concurrente poteftate* T.
II. § 12 le nient.

b) DE REAL *fcience du Gouvern.* T. V.
p. 178.

c) Voyés fur l'exemple de la Reine Chriftine en France: *Hiftoire de la vie de la Reine
Chriftine*

Chriftine en Suède avec un véritable récit du féjour de la Reine à Rome etc. et BYNKERS-HOEK l. c. § 16.

   d) DE REAL l. c. p. 165.

   e) BYNKERSHOEK l. c. § 16.

   f) LEIBNITZ *de fuprematu principum Germaniae* cap. 6. p. 27.

§ 147.
Des biens privés des Souverains.

Les biens meubles deftinés à l'ufage du Souverain & de fa famille font exemtés en vertu d'un ufage affés généralement établi du payement des droits pour l'entrée & le paffage *a)* pourvu que la requifition ait été duement faite. Mais les biens immeubles qu'ils acquièrent ne font pas ordinairement exemts d'impôts. Et les biens qui appartiennent à un Souverain étranger abfent, (auffi bien que ceux qui appartiennent plus proprement à fon état ou à fes fujets,) font foumis à la jurisdiction *b)* de l'état & par conféquent à la faifie *c)*; non feulement pour caufe de l'état, mais auffi en faveur des fujets particuliers lorsqu'ils la réclament par la voye de la juftice, bien que des motifs de politique puiffent en juftifier le refus *d)*. Mais fuppofé qu'il s'élève une difpute entre les deux Souverains relativement aux biens privés de l'un fitués même

O 5   chés

chés l'autre, il eſt de ces diſputes comme
de celles de deux nations entre elles, & le
Souverain ne pouvant être juge & partie à
la fois, la faiſie qu'il ſe permettroit dégé-
néreroit en ſimple voye de fait, & ſe ju-
geroit d'après les principes qui ont lieu relativement aux repreſſailles.

a) Voyés p. e. ſur la Hollande Pestel
commentarii de republ. Batava § 438.

b) C'eſt ainſi qu'au commencement du
ſiècle les provinces unies citerent le Roi de
Pruſſe devant leur tribunal relativement à une
partie de la ſucceſſion d'Orange, et qu'il ne
balança pas d'y comparaître.

c) Bynkershoek *de iudice competente le-*
gatorum c. 4. § 2 - 5. c. 16. § 6. voyés cependant Huber ad D. tit. de in ius vocando
n. I.

d) Strube *rechtliche Bedenken* T. III.
p. 51. Aitzema *Saaken van Staët en Oorlogh*
c. 34. p. 76. l. 48. p. 1033. et Bynkershoek
l. c. § 3 et ſuiv.

FIN DU TOME PREMIER.